PETER SELG

«Ich bin anders als Du»

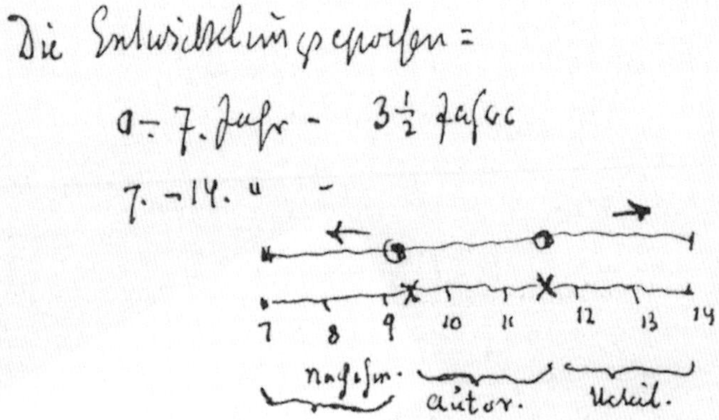

Notizbucheintragung Rudolf Steiners. In: GA 297, S. 293.

PETER SELG

«Ich bin anders als Du»

Vom Selbst- und Welterleben des Kindes in der Mitte der Kindheit

VERLAG DES ITA WEGMAN INSTITUTS

Ich – Ich bin ich selber,
niemand in der großen Welt ist wie ich.
Ich bin anders als Du
Und jeder andere.
Ich bin nichts als ich selbst.
Ich – ich bin ich selber,
niemand ist wie ich,
und ich bin wie kein anderer,
ich bin nur ich selber,
das kleine alte Selbst.
Ich weiß nicht genau, was mich anders macht,
ich glaube, es ist meine Art mich zu geben.
Niemand ist derselbe wie der andere
Besonders ich.

Pat Kirk[1]

Monographien zur geisteswissenschaftlichen Entwicklungsphysiologie und Pädagogik

4. Band

Umschlagmotiv: Die Ausbildung des Rhythmischen Systems in der Mitte der Kindheit
(Weiß: Stoffwechselsystem, Rot: Zirkulationssystem, Blau: Atmungssystem)
Ausschnitt einer Wandtafelzeichnung Rudolf Steiners aus GA 206 (© Rudolf Steiner Archiv, Dornach)

1. Auflage 2011

Gesamtgestaltung: Walter Schneider, www.schneiderdesign.net
Druck: Offizin Scheufele, Stuttgart
ISBN 978-3-905919-32-5

Inhalt

Einleitung

In seinen pädagogischen Vorträgen machte Rudolf Steiner wiederholt auf eine bedeutende Veränderung im Selbst- und Welterleben des Kindes aufmerksam, die sich in der «Mitte der Kindheit», im ca. neunten/zehnten Lebensjahr, ereignet und im Allgemeinen viel zu wenig Beachtung findet. Steiner sprach von einem folgenreichen «Lebensumschwung im menschlichen Bewusstsein»[2], einer Krisis, die im Unterschied zu den späteren Ereignissen des Jugendalters nahezu alle äußere (bzw. äußerlich sichtbare) Dramatik vermissen lässt. «Da kommt ein Zeitpunkt, wo das Kind meistens nicht, indem es spricht, sondern in seinem ganzen Verhalten zeigt: Es hat eine Frage oder eine Summe von Fragen, die eine innere Krisis des Lebens verraten. Es ist ein außerordentlich zartes Erlebnis beim Kinde, und es muss außerordentlich zart sein, wenn man es bei ihm bemerken will. Aber da ist es und es muss beobachtet werden.»[3]

Rudolf Steiners diesbezügliche Darstellungen – insbesondere vor den Lehrern der Freien Waldorfschule – intendierten, eine Gewahrwerdung des phänomenalen Geschehens im verantwortlich Erziehenden zu ermöglichen; Steiner setzte darauf, dass Pädagogen in der Zukunft sich dem Werden des einzelnen Kindes verstärkt und in individualisierter Weise zuwenden würden und gab Hilfestellungen in methodischer Art. Er hoffte dabei, dass auch die eher im Verborgenen sich ereignenden Entwicklungsschritte – wie die «zarte» innere Krise im neunten/zehnten Lebensjahr – eines Tages jene Aufmerksamkeit erhalten werden, die sie verdienen *und* benötigen. Das Kind befindet sich in der Mitte seiner Kindheit im Zustand des «labilen Gleichgewichtes»; zu diesem «labilen Gleichgewicht» gehört, so Steiner, der Lehrer oder Erzieher (bzw. die Lehrerin oder Erzieherin) «eigentlich hinzu»[4]. Das heißt: Der Unterrichtende oder Erziehende ist kraft seiner pädagogischen Aufgabe dazu aufgerufen, dem Kind in den krisenhaften Umbrüchen seines Werdens und Weges beizustehen – und dies auch dann, wenn die «Symptome» des Wandelns eher verhaltener Natur sind. Von den ca. neun- bis zehnjährigen Kindern, die sich in altersgemäßer Entwicklung ohne äußere Traumatisierung befinden, geht in der Regel kein alarmierender Hilferuf aus; gerade deswegen gelte es jedoch, so Steiner, sich den Anforderungen dieses wichtigen Lebensabschnittes in besonderer Weise, in liebevoller Aufmerksamkeit und Sorgfalt zuzuwenden – dem umbrechenden Lebensabschnitt (in physiologischer wie psychologischer Orientierung), aber auch den Kindern selbst, die ihn mit ihrer Individualität durchlaufen und auf ihr Gegenüber angewiesen sind: «Meistens [...] drückt das Kind gar nicht dasjenige aus, was ihm auf der Seele lastet, sondern etwas anderes. Man muss aber dann wissen, dass das aus dem innersten Untergrunde der Seele kommt. Und da muss man die rechte Antwort, das rechte Verhalten finden. Davon hängt für das ganze Leben des betreffenden Menschen ungeheuer viel ab.»[5]

Was Rudolf Steiner im Einzelnen als Entwicklungsherausforderung des von ihm in dieser Weise thematisierten Werdeabschnitts beschrieb, betrifft das sich verändernde bzw. neu konfigurierende Selbst- und Weltverhältnis des Kindes – sein Herausfallen aus bisher tragenden Bezügen, aus der «natürlichen Selbstverständlichkeit» des bis dahin gelebten Lebens. Innerhalb seiner anthroposophischen Entwicklungsphysiologie und -psychologie nivellierte Steiner nirgendwo die Zäsuren und Umbrüche der Pubertät, die im Hinblick auf die Selbstfindung des Jugendlichen zumeist in prominenter Weise dargestellt und diskutiert werden. Auch diesem Themenkomplex – der «grandiosen Metamorphose» des Jugendalters – widmete er zahlreiche subtile und überaus «moderne» Betrachtungen[6]; nie jedoch ließ Steiner einen Zweifel daran, dass verschiedene Wege der jugendlichen Hemmung und des Scheiterns, des misslingenden Aufbruchs, des Unvermögens oder gar der Krankheit nicht lediglich mit den speziellen und schwierigen Herausforderungen des Jugendalters, sondern darüber hinaus (wenn nicht in erster Linie) mit den viel «stilleren» Vorgängen in der Mitte des zweiten Lebensjahrsiebtes zusammenhängen, denen damit auch in prophylaktischer Hinsicht eine enorme Bedeutung zukommt. Mit welchen Kräften, welchem Selbst- und Weltbewusstsein, welcher Sozialfähigkeit und Lebensstimmung ein Kind bzw. ein Jugendlicher in das Bewährungsalter der Pubertät und Adoleszenz kommt, hängt wesentlich von dem ab, was sich in der vorausgehenden Mitte der Kindheit in seinem Innenleben ereignete. Kinderpsychologisch und -psychiatrisch gut bekannt ist, dass bereits zu dieser Zeit viele Angst- und Versagensentwicklungen beginnen – Schwächen im Selbsterleben und Lebensvollzug, die häufig erst später, bei ansteigenden äußeren Anforderungen, manifest und von der Umgebung wahrgenommen werden.

Was sich jedoch genau in der Mitte der Kindheit in leiblicher, seelischer und geistiger Hinsicht zuträgt, entzieht sich einer reduktionistisch oder positivistisch forschenden Physiologie und Entwicklungspsychologie weitgehend.[7] Hier setzte Rudolf Steiners grundlegender Beitrag ein, der nicht nur zu den Meilensteinen einer wirklichen Anthropologie gehört, sondern konkrete pädagogische Perspektiven eröffnet. Wie in all seinen Schriften und Vorträgen zu Erziehungsfragen richtete Steiner seinen Blick dabei konsequent auf die Lage des Kindes. Erst aus einem vertieften Verständnis seiner altersgemäßen Situation ergeben sich die weiterführenden Weisen eines hilfreich-fördernden Umgangs, «das richtige Wort, das richtige Verhalten zu dem Kinde»[8]. Keinesfalls war Steiner der Ansicht, dass die – nicht unerheblichen – Entwicklungsanforderungen der mittleren Kindheit in Zukunft der Betreuung spezifisch geschulter Psychotherapeuten übergeben werden sollten; er setzte vielmehr darauf, dass es einsichtigen Lehrern und Eltern gelingen wird, im rechten Moment das Rechte zu tun. Aus einer vertieften Einsicht in die Situation, d. h. in das *Wesen* des Kindes in einer bestimmten Etappe seiner Entwicklung, in die wirkenden Kräfte, Herausforderungen und Fragen, kann und muss eine Erziehungsstimmung und -haltung entstehen, die die Voraussetzung einer altersgemäßen Beziehungs- und Begegnungsgestalt schafft. Nirgendwo ermutigte Rudolf Steiner dabei die Lehrer oder Eltern dazu, die Kinder mit Fragen zu bestürmen und die Verbalisierung dessen zu erzwingen, was sich in ihrem Inneren – zumeist halbbewusst – ereignet. «Das richtige Wort, das richtige Verhalten zu dem Kinde» sollte sich vielmehr im aufmerksamen Umgang mit ihm ergeben, aus der Atmosphäre einer Beziehung, die vom Erziehenden nicht primär oder ausschließlich in der verlautbarten Rede – dem Hauptinstrument der verbal-kognitiv orientierten Zivilisation –, sondern in «erkennender Selbstlosigkeit» gesucht wird, im aufmerksam-wahrnehmenden Sein beim Anderen, dem Gegenüber – dem Kind.[9] Die Krise der mittleren Kindheit ereignet sich am veränderten Welt- und Selbstverhältnis des neun- bis zehnjährigen Kindes, im Vollzug der Wandlung – und die Antwort auf sie liegt primär in jener Begegnung, die die Pädagogik ermöglicht und substantiiert. *«Was man […] in diesem Zeitpunkt mit dem Kinde in Bezug auf das Verhältnis zu dem Kinde tut, das hat nun für das Leben des Kindes eine große Bedeutung.»*[10] Im Hinblick auf misslingende Situationen in der Beziehungsgestalt zum Kind dieses Alters, das schließlich ohne das Gefühl einer tragenden oder tragfähigen Bindung seinen Entwicklungsweg weitergehen muss, sagte Rudolf Steiner in einem Vortrag:

> Überschreitet das Kind diesen Rubikon zwischen dem neunten und zehnten Lebensjahre ohne dieses Gefühl, so hat es ein Manko in seinem ganzen Leben und kann später höchstens mit aller Mühe aus dem Leben selber wiederum das sich erobern, was auf eine naturgemäße Weise in diesem Lebenspunkte dem Kinde übermittelt werden sollte.[11]

*

Es ist selbstverständlich legitim, zu Beginn des zweiten Jahrzehnts des 21. Jahrhunderts kritisch zu hinterfragen, ob Rudolf Steiners – vor fast einhundert Jahren formulierte – Entwicklungslehre unter deutlich veränderten Zivilisationsumständen weiterhin Gültigkeit beanspruchen darf. Über generationale Veränderungen der Kinder und über ihre besonderen Werde- und Reifebedingungen in der gegenwärtigen, hochtechnologisierten Welt wurde in der jüngsten Vergangenheit viel publiziert. Die Zeitdaten der Umbrüche, die dem sich entwickelnden Kind widerfahren, setzte Rudolf Steiner nie absolut; er wusste um die «Akzeleration» vieler Vollzüge, und sagte in einem Vortrag zu den Krisensymptomen der mittleren Kindheit: «Es kann in der heutigen Zeit leicht passieren, dass verhältnismäßig früh schon das Kind uns solche Anwandlungen zeigt.»[12] Rudolf Steiner ging es nicht um absolute Jahres- bzw. Alterszahlen, sondern um die Qualität des Umbruchs selbst – um seine Wahrnehmung, Erkenntnis und um die pädagogische Unterstützung des Kindes. Dafür, dass sich *diesbezüglich* Grundlegendes im 20. Jahrhundert verändert hat, spricht nicht viel – die Kräfte des sich entwickelnden Menschenwesens, auf der Suche nach seinem individuell zu erringenden Gleichgewicht, sind trotz veränderter äußerer Bedingungen eine weitgehende Konstante seines Daseins. Es ist unzweifelhaft ein großer, ja fundamentaler Vorzug der anthroposophischen Anthropologie Rudolf Steiners, diese Kräfte durch geisteswissenschaftliche Erkenntnisarbeit im Einzelnen aufgewiesen und zur Grundlage einer neuen Pädagogik, Heilpädagogik und Medizin gemacht zu haben.

Die von ihm für die «Mitte der Kindheit» geltend gemachten Gesichtspunkte sollen nachfolgend in konzentrierter Weise zur Darstellung gebracht werden. Mein persönlicher Dank für die Ermöglichung der kleinen Schrift gilt in erster Linie dem ausgezeichneten Arzt und Heilpädagogen Hans Müller-Wiedemann, der sich 1973 in einer umfangreichen wissenschaftlichen Arbeit mit diesem Themengebiet auseinandersetzte und vielen Menschen die von Rudolf Steiner erforschten Zusammenhänge in ihrer entwicklungspsychologischen wie -physiologischen Relevanz erstmals detailliert aufzeigen konnte.[13] Meine eigene kleine Studie, die im Rahmen einer vom Ita Wegman Institut herausgegebenen Monographien-Reihe zur geisteswissenschaftlichen Entwicklungsphysiologie und Pädagogik erscheint[14], ist Müller-Wiedemanns Arbeit verpflichtet und versucht, diese im Hinblick auf die anthroposophische Anthropologie weiter zu vertiefen. Sie intendiert im Unterschied zu Hans Müller-Wiedemann keinerlei wissenschaftliche Diskussion der verschiedenen Gesichtspunkte, sondern soll vielmehr dazu verhelfen, den in Frage stehenden Entwicklungszeitpunkt genauer wahrnehmen und begleiten zu können, wofür Steiners differenzierte Originalschilderungen bzw. der in ihnen zum Vorschein kommende methodische Weg Erstaunliches beizutragen vermögen. «Man muss eben lernen, das Kind zu beobachten. Man muss mit dem Gefühl in das Kind selber hineinwachsen […].» (Rudolf Steiner[15])

Ita Wegman Institut, Arlesheim *Peter Selg*
Mai 2011

1.

«Ich bin ich selber»

Die Veränderung der seelischen Innenwelt

Heute, wo man sich um das Äußerliche viel mehr bekümmert als um das Innerliche, lenkt man gerade auf diesen Umschwung im 9., 10. Lebensjahre viel zu wenig die Aufmerksamkeit.

Rudolf Steiner[16]

Rudolf Steiner charakterisierte das Umbruchsereignis in der Mitte der Kindheit wiederholt als ein abruptes – als einen definitiven *«Punkt»* oder *«Moment»*, der, obschon lange vorbereitet, sich zu einer umschriebenen Zeit ereignet, im bewussten oder halbbewussten Erleben und Selbsterleben des Kindes: «Das Kind kommt dann *in einem Male* dazu, sich ganz anders zur Außenwelt zu stellen als es sich vorher gestellt hat. Es ist etwas, wie wenn das Kind erwachen würde, wie wenn es anfangen würde, zu seinem Ich ein ganz besonderes Verhältnis zu finden.»[17]

Im Hinblick auf den «Zeitpunkt» dieses «Aufdämmerns» wies Rudolf Steiner in verschiedenen pädagogischen Darstellungen darauf hin, dass sich der Umbruch im Seelenleben des Kindes zumeist bald nach dem erreichten neunten Lebensjahr ereigne. «So um das 9. Jahr herum»[18], «um den Zeitpunkt der Vollendung des neunten Lebensjahres herum»[19], mit «ungefähr neuneinhalb Jahren»[20], trete, so Steiner, eine Wende ein; sie könne jedoch auch etwas früher oder später erfolgen, mitunter bereits *vor* dem neunten Lebensjahr[21] oder aber zwischen neun und zehneinhalb[22], wenn nicht elf[23]. – «Ungefähr um das neunte Jahr herum – es kann bis zum zehnten, ja bis zum elften Jahr dauern ...»[24] «Man muss [...] ganz aufmerksam sein können auf das Individuelle, das herauskommt in den verschiedenen Kindern ...»[25] Das Ereignis als solches, so Rudolf Steiner, aber betreffe *jedes* Kind, auch wenn es verdeckt und bis zu einem gewissen Ausmaß zivilisatorisch verhindert bzw. verunmöglicht werden könne.[26]

«Da ist ein kleiner Abschnitt zwischen dem 9. und 10. Jahr, mehr gegen das 9. Jahr zu gelegen: Da kommt das Kind dazu, sich immer mehr und mehr von seiner Umgebung zu unterscheiden.»[27] Das Kind beginnt, im eigenen inneren Erleben und in seiner objektiven Welt-Beziehung «das Ich abzulösen von der Umgebung»[28], d. h., lernt sich von seiner Umgebung zu unterscheiden, mit der es bisher verflochten bzw. in der es weitestgehend aufgegangen war:

> Man muss sich klar darüber sein, dass das Kind vor dem 9. und 10. Lebensjahr sich nicht als ein Ich von seiner Umgebung zu unterscheiden weiß. Aus einem gewissen Instinkt heraus spricht ja das Kind längst von sich in der Ich-Form. Aber in Wahrheit fühlt sich das Kind eigentlich in der ganzen Welt drinnen. Es fühlt die ganze Welt mit sich verwandt. […] Es betrachtet alles als eine Einheit, und sich mit der Umgebung auch als eine Einheit. Erst zwischen dem 9. und 10. Lebensjahre lernt eigentlich das Kind sich von der Umgebung zu unterscheiden.[29]

Rudolf Steiner sprach von einem «Gewahrwerden, dass man ein Ich ist und draußen die Welt»[30], und machte den Gesamtvorgang als einen Aufwachprozess zum Ich deutlich, der mit dem Phänomen des Erstaunens verbunden sei – im Augenblick der ersten Gewahrwerdung, aber auch in den Folgewochen und -monaten: «Wie tatsächlich das Kind in einer feinen, zarten Weise zu einer Art von Erstaunen kommt über alles, was in der Welt vorgeht, weil es anfängt, sich selber in der Welt drinnen zu sehen …»[31] Ab dem Zeitpunkt der Ich-Zäsur verliert das Kind die naive Unbefangenheit seiner vorhergehenden Weltbegegnung, die von einem selbstverständlichen – und selbstverborgenen – Dasein im Umraum gekennzeichnet war, einem ursprünglichen Mitleben alles Geschehens.

Die Selbstbenennung des Ichs war sprachlich bereits sehr viel früher erfolgt, im primären Ich-Sagen des ca. dreijährigen Kindes, einem ebenfalls wichtigen Entwicklungsereignis der frühen Kindheit – «wo in einer unteren Schichte gewissermassen auftaucht aus der Sprache heraus: Du bist ein Ich».[32] Trotz der «selbstbewusst» anmutenden Geste war dieser sprachliche Entwicklungs- und Bewusstseinsschritt[33] jedoch keinesfalls mit einem wirklichen Heraustritt aus der Weltimmanenz verbunden gewesen – vielmehr lebte das Kind weiterhin mit seinen Eltern und Bezugspersonen, den Naturwesen und Dingen in unzerbrochener Einheit, im Gefühl einer tiefen Wesens-Verwandtschaft mit der Welt, die es umgab. («Aus einem gewissen Instinkt heraus spricht ja das Kind [zu dieser Zeit] von sich in der Ich-Form. Aber in Wahrheit fühlt sich das Kind eigentlich in der ganzen Welt drinnen. Es fühlt die ganze Welt mit sich verwandt.»[34]) Nun jedoch, im Umfeld des neunten Lebensjahres, beginnt der Vorgang des «Abscheidens von der Umgebung» durch das «Auseinanderfallen» von «Weltgefühl und Ich-Gefühl»[35] – er beginnt, so Rudolf Steiner, zu einem gewissen Zeitpunkt in diskontinuierlicher, unvermutet-emergenter Weise, als vollkommen neu auftretendes Phänomen. Die damit anhebende Entwicklung setzt sich über Jahre fort; erst im Jugendalter gewinnt der initiale «Abscheidungs»-Vorgang von der Umwelt sein Ziel und seine intendierte Gestalt – im Sinne innerer Selbstständigkeit.

*

Der solchermaßen skizzierte Umbruchvorgang betrifft die Bewusstseinsverfassung des Kindes im Umgang mit der Welt und sich selbst; dennoch tritt er nicht in Form eines reflexiven Vorgangs, sondern primär in der Sphäre des *Fühlens* im Erleben des Kindes auf: «Alles ist Gefühl; aber das Gefühl ist umso stärker da, das Gefühl will umso intensiver berücksichtigt werden.»[36] Ohne dies im Einzelnen beschreiben zu können, erlebt das Kind, so Steiner, eine «wesentliche Verstärkung, man möchte sagen Verdichtung des *Ich-Gefühls*»[37], eine Intensivierung und Vertiefung seines Selbst-Erlebens in der Sphäre seiner fühlenden Seele.[38] Steiner sprach vom eigentlichen Übergang des Bewusstseins zum Selbstbewusstsein in der Entwicklungsgeschichte des Kindes[39], von der – im Gefühl – beginnenden Beziehungsaufnahme zum eigenen Ich, zur Gestalt der eigenen Individualität. Das Kind finde «zu seinem Ich ein ganz besonderes Verhältnis»[40] und beginne – ausgehend von der Empfindungssphäre –, einen wirklichen Ich-Begriff zu bilden.[41] Im dritten Lebensjahr, zum Zeitpunkt des beginnenden «Ich-Sagens», trat das Ich *seelisch* in das menschliche

Innere herein; nun jedoch fängt das Ich-Bewusstsein an, «ein geistiges zu werden»[42], womit eine zunehmende Verselbstständigung des Seelenlebens einhergeht.

Die damit verbundenen Erlebnisse können über eine Intensität und Prägnanz verfügen, die sie in den Bereich der späteren, autobiographischen Erinnerung treten lassen. So schrieb der Komponist Bruno Walter über das Kind, das er einst war:

> […] Bei dem heranwachsenden Knaben zeigte sich öfter ein seltsamer Zustand des «Träumens», eine meist gegenstandslose Versenktheit oder Entrücktheit, in der alle Räder, die der Sturzbach des äußeren oder inneren Erlebens sonst so heftig zu drehen pflegte, wie ausgeschaltet anhielten und stillstanden. – Noch erinnere ich mich, wie sich in mir eine solche Stille zum ersten Mal als schwermütige Ergriffenheit offenbarte, fühle noch, was ich damals empfand, und sehe auch den Ort vor mir, an dem ich *als etwa Zehn- oder Elfjähriger* dies innere Erschauern erlebte. Wie es kam, dass ich allein auf dem Schulhof stand, ist mir nicht mehr erinnerlich – vielleicht hatte ich eine Stunde des Strafnachsitzens hinter mir –, ich betrat den großen Hof, den ich nur erfüllt vom Lärm spielender und tobender Kinder gekannt, und der mir daher doppelt leer und verlassen erschien. Dort sehe ich mich stehen, überwältigt von der tiefen Stille, und, indem ich ihr lausche und dem leichten Wind, fühle ich, wie mir aus der Einsamkeit ein Unbekanntes, Mächtiges ans Herz greift. Es war meine erste Ahnung, dass ich ein Ich war, mein erstes Aufdämmern, dass ich eine Seele hatte und dass sie – von irgendwo her – angerufen wurde.[43]

Die erfühlte Gewahrwerdung des Ichs in der Mitte der Kindheit vollzog sich, so Walter, in «tiefer Stille» und in «Einsamkeit» – und führte zu einer ersten bewussten oder bewusstseinsnahen Begegnung mit dem eigenen Dasein und seinen besonderen, inneren wie äußeren Umständen. In seiner Autobiographie «Mein linker Fuß» schilderte Christie Brown, der als zehntes von zweiundzwanzig Kindern in einer irischen Familie schwerbehindert geboren worden war und aufgrund einer Athetose nur seinen linken Fuß kontrolliert bewegen konnte, dass er seiner besonderen Lebens-Situation erst im zehnten Jahr wirklich inne wurde:

> Ich war jetzt genau zehn Jahre alt, ein Knabe, der nicht gehen, nicht sprechen, nicht essen, sich nicht selbst ankleiden konnte. Ich war hilflos, aber erst jetzt begann ich mir darüber klar zu werden, wie hilflos ich wirklich war. Ich wusste immer noch nichts über mich; ich wusste nichts, nur eines stand fest: Ich war «anders» als die anderen.
> Bisher hatte ich niemals über mich nachgedacht … Ich hatte weiterhin mit meinen Brüdern gespielt, ich hatte den kleinen Lebensbereich, der vor meinen Augen lag, genossen, ich war mir die ganze Zeit meiner selbst nicht bewusst gewesen.[44]

*

Einzelne Kinder vermögen, die Erlebnisse dieser Zeit für sich selbst bereits in Worte zu fassen, in ihrem besonderen «Durchfühlen der Sprache», auf dessen Bedeutung für die Mitte der Kindheit Rudolf Steiner ebenfalls aufmerksam machte.[45] Die anfängliche Gewahrwerdung des Unterschiedes von Ich und Welt vollzieht sich, wie Steiner betonte, nicht zuletzt im Bereich und am Medium der Sprache. «Durch sein Ringen mit der Sprache», so Steiner[46], kommt das Kind weiter – und verändert seine Beziehung zu ihr, deren Worte nun in einer viel innerlicheren Weise erlebt und gebraucht werden können. Im Kind erwacht ein Bewusstsein dafür, dass die Worte aus seinem Inneren entstehen oder erstehen[47], in einer bemerkenswerten Verbindung von Gefühl und Gedächtnis. Hans Müller-Wiedemann sammelte markante Sprachzeugnisse und Gedichte von Kindern aus dieser Zeit *(«Ich bin ein lebendiges Gedicht / Ich schreibe keine Worte»[48])*, authentische Aufzeichnungen, die überaus bemerkenswerte Selbstdarstellungen enthalten:

Me, I'm myself
No one in this big
world is like me.
I'm different from you
and everyone else
I'm just plain old
Me.
Me, I'm myself,
No one's like me,
And, I'm not like anyone
I'm just myself
Little old me.
I'm not quite sure what
makes me different,
I suppose it's in my ways
No one's the same
especially me.[49]

Insgesamt jedoch sind entsprechende Aufzeichnungen – als Form der geschützten Verbalisation, der privaten, lyischen Niederschrift – selten; unzweifelhaft ist, dass die von Steiner herausgearbeiteten Vorgänge sich weitgehend im verborgenen, unthematisierten und unartikulierten Inneren des Kindes abspielen, in seinem «unbestimmten Fühlen»[50]. Das aber heißt: Die Veränderungen im Sein und Verhalten des Kindes im ca. neunten Lebensjahr können in den seltensten Fällen an dem abgelesen werden, was das Kind in direkter Weise sprachlich äußert – äußern kann und äußern will. Zumeist tritt primär anderes auf und zu Tage: «Das Kind wird äußerlich etwas unruhig. Es kommt nicht zurecht mit der äußeren Welt. Es fühlt etwas, wie wenn es scheu werden müsste. Es zieht sich etwas zurück von der äußeren Welt. Das alles geschieht in intimer, feiner Weise bei fast jedem Kinde», schilderte Steiner in einem pädagogischen Vortragskurs vor Lehrern.[51]

*

Unter den zivilisatorischen Bedingungen des 21. Jahrhunderts, inmitten der expandierenden Kommunikationstechnologie und einem exzessiven Angebot externer Ablenkung, sind diese subtilen Veränderungen in der Mitte der Kindheit häufig verdeckt, kommen kaum zum Vorschein und werden – in der fehlenden Ruhe der Seele – überhaupt nicht bemerkt, weder vom Kind noch von seinen Eltern und Erziehern. Dennoch vermag auch die nachhaltige Veräußerlichung und Materialisierung des Lebensstiles – mitsamt ihrer «realistischen» Abwertung und Nivellierung aller seelischen Sensitivität – nicht völlig zu verhindern, dass sich der skizzierte Entwicklungsumbruch in der einen oder anderen Weise vollzieht, mitunter in einem plötzlich auftauchenden Moment des Innehaltens und der *Stille*, wie von Bruno Walter skizziert («in der alle Räder, die der Sturzbach des äußeren oder inneren Erlebens sonst so heftig zu drehen pflegte, wie ausgeschaltet anhielten und stillstanden ...»). Die von Rudolf Steiner in den ersten beiden Jahrzehnten des 20. Jahrhunderts beschriebenen Rückzugstendenzen der Kinder dieses Alters sind nach wie vor bemerkbar – ebenso wie (reaktive) Formen der verstärkten Annäherung und Anlehnung (oder gar «Anklammerung») an die Eltern, auf die Steiner ebenfalls aufmerksam machte.[52] Einsamkeitsgefühle, Angstentwicklungen und Verlassenheitserlebnisse (gegebenenfalls aber auch abwehrend-expansive Verhaltensweisen) treten auf und können die weitere Entwicklung bestimmen – deutlich wird in vielen Fällen, wie das bis dahin selbstverständlich tragende Fundament des Daseins unvermittelt umbricht und so nicht weiter zur Verfügung steht. Wenn «Krise» mit Jacob und Wilhelm Grimm als «Entscheidung in einem Zustande» verstanden wird, *«in dem Altes und Neues […] miteinander streiten …»*[53], so ist die Mitte der Kindheit ein krisenhafter Zustand sui generis – auch im Hinblick auf das selbstgelebte Leben, das erstmals in den Bereich der bewussten oder bewusstseinsnahen Erinnerung fällt. Rudolf Steiner sprach davon, dass um das neunte Lebensjahr sich eine «besondere Beziehung […] zwischen dem Gefühlsleben und dem Gedächtnisleben» ausbildet.[54] Das Kind realisiert anfänglich (in vorbewusster, bewusstseinsnaher oder partiell bewusster Weise), dass es eine eigene Biographie, eine individuelle Lebens-Geschichte hat – und zugleich, dass es aus dem Bereich der bis dahin gelebten Kindheit herauszufallen beginnt. Ein neues Verhältnis zur *Zeit*, zur Zeit des gelebten Lebens entsteht – so, wie die veränderte Raumes-Orientierung ein integraler Bestandteil des Ich-Erwachens im dritten Lebensjahr war.[55] Mit der Erfahrung der Zeit, der Gegenwärtigkeit des jetzigen Daseins und Erlebens und der anfänglichen Wahrnehmung dessen, was der Vergangenheit angehört, dem gelebten und (bis zu einem gewissen Ausmaß) abgeschlossenen Dasein, tritt das Kind in den Bereich der biographischen Erfahrung ein[56], dem auch das Bewusstsein der *Vergänglichkeit* angehört. Über sein Selbsterleben in der Mitte der Kindheit hielt der Psychiater und Philosoph Karl Jaspers erinnernd fest:

> Ich war zehn Jahre alt, […] als ich die schmerzvolle, gleichsam totale Erinnerung des *unergründlichen Gelebthabens* beim Lesen eines Rückertschen Gedichtes im deutschen Lesebuch kennenlernte: «Aus der Jugendzeit, aus der Jugendzeit klingt ein Lied

> mir immerdar, ach wie liegt so weit, ach wie liegt so weit, was mein einst war.» – Es war wie ein Verloren-Haben, im gleichzeitigen Ahnen unendlicher Fülle dessen, was mir schon einmal gegeben war. Die Stimmung der Ferne, in eins mit einer Seeligkeit des mir Unerreichbaren und mir doch Angehörenden, machte die Seele weit, indem sie zugleich das Herz brechen wollte.[57]

Die «totale Erinnerung des unergründlichen Gelebthabens», von der Jaspers schrieb, betrifft das eigene Herkommen, die Welt der Kindheit als Vorgeschichte alles Gegenwärtigen. Nicht wenige Kinder fragen im zeitlichen Umfeld des neunten Lebensjahres erstmals nach der Authentizität der eigenen Eltern, sorgen sich über ein mögliches Adoptivschicksal, sind beunruhigt und ängstlich. Sie richten den Blick ihrer fühlenden Seele – in zumeist halbbewusster Weise – verunsichert zurück und neigen zur Melancholie («es war wie ein Verloren-Haben»). Die Erfahrung von Gegenwärtigkeit und (unwiderruflicher) Vergangenheit, d. h. die erstmals erfühlte Zeitlichkeit der eigenen Lebens-Geschichte, die sich von der reinen Präsenz, dem «Hier und Jetzt» des kleinen Kindes mit Nachdruck unterscheidet, umschließt das Erlebnis von Kontinuität *und* Diskontinuität – und ist, als Gewahrwerdung von Vergangenem und Verlorenem, mit einer ersten Annäherung an das Phänomen des Sterbens und des Todes verbunden. Das Kind in der Mitte der Kindheit blickt nicht – wie der Jugendliche – perspektivisch und willentlich entwerfend in die Zukunft. Sein Erlebnis der andrängenden Endlichkeit des Daseins – auch des *eigenen* Daseins – ergibt sich vielmehr aus der Begegnung der Gegenwart mit der Vergangenheit und Vergänglichkeit. Über sich selbst in der Mitte der Kindheit schrieb der Philosoph Ernst Bloch in überaus prägnanter Weise:

> Es kam auf einer Bank im Wald, *und ich spürte mich als den, der sich spürte*, der heraussah, von dem man nie mehr loskommt, so schrecklich wie wunderbar, der ewig in der eignenen Bude mit Globus sitzt. Den man immer vorrätig hat, selbst wenn er sich unter Kameraden aufhebt, und der zuletzt einsam stirbt.[58]

Der Maler Oskar Kokoschka erinnerte ein Todeserlebnis in dieser Entwicklungsphase der Kindheit – den Erdenabschied einer Märchenerzählerin, die in der unmittelbaren Nachbarschaft seines Elternhauses lebte, und von deren Tod er hörte:

> Ich habe nicht recht verstehen können, was es heißt, gestorben zu sein. Mir ist nur aufgefallen, dass sie verschwunden blieb … *Ich kann nie verschwinden, dachte ich.* Natürlich ist sie nicht da, doch irgendwo wird sie sein.

Zwei Tage später sah das Kind dann den Totenwagen mit dem weißen Sarg:

> Lange habe ich damals dem seltsamen Wagen nachgesehen. […] Dumpf begann ich zu ahnen, dass die Außenwelt doch auch Grenzen hat. Es war ein Erlebnis des Unwiederbringlichen, und dies empfand ich wie ein Wandeln vom Licht des Tages zum Schicksalsmäßigen, Furchteinflößenden der Nacht.[59]

Kein autobiographisch reflektierender Erwachsener, sondern ein Kind in der Mitte der Kindheit schrieb das Gedicht:

> Der arme Baum welkt.
> Er welkt und stirbt.
> Niemand kümmert sich um ihn.
> Jeder geht an ihm vorbei.
> Einmal war er ein schöner Baum,

so hoch gewachsen,
dass er beinahe in den Himmel reichte.
Wie alles, stirbt auch er:
Der arme Baum.[60]

*

In dem neu aufbrechenden Ich-Bewusstsein, der – gefühlten – Wahrnehmung des Selbst in der Unterscheidung von der Um- und Mitwelt, entsteht auch eine andere Beziehung zum Du. Das Gegenüber – *als* Anderes und Eigenes – wird erstmals Thema des Kindes. Rudolf Steiner wies wiederholt darauf hin, dass bis zur Mitte der Kindheit das Verhältnis des Kindes zu seinen primären Bezugspersonen, aber auch zu weiteren wichtigen Menschen seines Umkreises, vom Charakter des elementaren Verbunden- und Gebundenseins geprägt war. Die Mutter oder der Vater gehören nicht nur zum Lebensraum des Kindes, sondern geradezu zu seinem Leib.[61] Die Beziehung ist vom Kinde aus durch Vertrauen und Liebe bestimmt, im Gestus der Nachahmung und des Aufblicks, nicht jedoch von einer Gewahrwerdung der Innerlichkeit und Autonomie des Anderen – als einer eigenständigen Persönlichkeit. Diese als solche erfassen zu können, hebt in der Mitte der Kindheit an und beginnt im eigenen Sein. Indem das Kind ein wirkliches Ich-Gefühl entwickelt, kommt es auch anfänglich zum Du – nicht länger im Sinne der dualen Einheit, sondern in Richtung eines Gegenübers, das über einen eigenen Gefühls-Innenraum verfügt. «Ich bin anders als *Du*/Und jeder *andere.*»

Im Zusammenhang dieser Entwicklungsvorgänge ändern sich die Sozialbeziehungen des Kindes, langsam, aber schrittweise – auch sein spielerisches Zusammensein mit anderen.[62] Insgesamt entstehen unter den Kindern zunehmend Verbindungen, die den Charakter einer solidarischen, auf Loyalität und gegenseitiger Anerkennung beruhenden Freundschaft aufweisen, wie von Hans Müller-Wiedemann eindrücklich herausgearbeitet wurde.[63] Die sich ergebenden, gesuchten und gefundenen Freundschafts-Verbindungen («Hier tritt das Kind aus dem Raum vergangener familiärer Gewohnheit in seine *eigene* individuelle Gegenwart.»[64]) sind weder primär interessenbezogen noch intelligenz- oder sozialisationsgebunden, sondern imponieren durch ihren Charakter der gegenseitigen Bejahung und Anerkennung, ohne weitergehende Ansprüche. Sofern die Freundschaften dieses Alters nicht vollkommen überformt und verzerrt von komplett andersgearteten zivilisatorischen Einflüssen sind, werden sie durch das ihnen immanente Aufwachen für das Anderssein des Anderen und die Bedeutung der Freundschaft als Freundschaft bestimmt, von einer Atmosphäre der Gleichberechtigung und des Zusammenseins, das dem Einzelnen hilft, zu sich zu finden und den Glauben an sich nicht zu verlieren. «Das Geheimnis und die Stille dieser Freundschaften walten in ihrer Tiefe als jene gelassene Gegenseitigkeit des bloßen ‹Miteinanderseins›, die schon dadurch Bestätigung der eigenen Existenz ist.» (Müller-Wiedemann[65]) Der Andere, das Du, die Freundin oder der Freund wird zum Spiegel und zur Unterstützung des eigenen Daseins, der eigenen Individualität, in der gegebenen Gegenwart und im Prozess des Werdens[66]; er wird darin aber nicht gebraucht oder instrumentalisiert, sondern ist als solcher unverzichtbar. *Seine* Wahrnehmung und *sein* Befinden sind wichtig in der Freundschaft und im Leben – und eine Kränkung oder Verletzung des Freundes, seine Benachteiligung oder Falschbehandlung in der Schule wird mitunter mit größerer Empörung erlebt und geschildert als das selbsterlittene Unrecht. «Das Selbst weitet sich über die eigene Grenze hinaus. Das Wohlergehen des anderen wird ebenso wichtig wie das eigene», schrieb Theodor Lidz.[67] Hans Müller-Wiedemann zitierte in diesem Zusammenhang das Wort des Theologen Schleiermacher, demzufolge «die Liebe darauf ausgehe, aus Zweien Eins zu machen, die Freundschaft aber darauf, aus jedem zwei zu machen»[68]. In diesem Sinne sind die Kameradschaften in der Mitte der Kindheit tatsächliche *Freundschaften* und von den hochdynamischen Liebes-Beziehungen des Jugend- und Erwachsenenalters deutlich zu unterscheiden. Sie weisen ein besonderes Element des Sozialen vor, im bescheidenen, stillen Respekt vor dem Anderen als Anderen und Freund, das später in dieser Reinform nie mehr wiederkehrt, aber von unverzichtbarer Bedeutung für jede künftige Lebens- und Beziehungsgestaltung ist. («Die Fähigkeit und der Wille zur Freundschaft hängen wesentlich von ihrer Einübung in der Mitte der Kindheit ab.»[69]) Die Freundschaften dieser Zeit sollten in ihrem Wert als solche pädagogisch erkannt und unterstützt werden – sie geben dem Kind im Hinblick auf seine biographische Erfahrung und Reifung mehr und anderes als das, was zivilisatorisch weithin gefördert und propagiert wird. «Das Schulkind unserer Zeit steht in einem dauernden Kampf um die legitime Form seiner Einsamkeits-Bewältigung in der Freundschaft gegenüber den Angeboten des Bildungs- und Vergnügungs-Konsums, die sich wie Epidemien ausbreiten», schrieb Müller-Wiedemann.[70]

*

In den Begegnungen in der Mitte der Kindheit, mit Gleichaltrigen oder Erwachsenen, kann sich auch schicksalhaft Wesentliches ereignen. Hermann Koepke wies auf Dantes bildhaft-reale Begegnung mit «Beatrice» im neunten Lebensjahr hin, die seine Dichtung inspirierte und die Voraussetzung für das «neue Leben» wurde[71], sowie u. a. auf bemerkenswerte Kindheitserfahrungen des Arztes und Dichters Hans Carossa, der «Eva», seine ehemalige Spielkameradin, in dieser Zeit und inmitten einer schweren Krankheitsphase intensiv erlebte.[72] Unzweifelhaft ist beim Studium zahlreicher Lebensgeschichten, dass im Prozess des Ich-Erwachens mitunter eine gefühlsbetonte Ahnung tiefer Zusammenhänge mitschwingt, die dem Kinde nahegehen und sein ganzes Leben begleiten, ein «Angerufen-werden» der Seele «von irgendwoher» (Bruno Walter). Heinrich Schliemann fasste neunjährig den Entschluss, «Minna» zu heiraten und mit ihr Troja und die Königsgräber von Mykene auszugraben – in der Hälfte der ersten «Mondknoten»-Periode[73] und im sehnsuchtsvollen Vorgriff auf etwas, was seinem Lebensweg im Innersten angehörte.

Das – zumeist – gegenstandslose *Sehnen* ist ein häufig anzutreffendes Seelenelement in der Mitte der Kindheit («Ich bin zu Hause, aber ich habe immer Heimweh»[74]), ein Aufgebrochensein für die eigene Existenz in der Tiefe des Gefühls. Karl Jaspers schrieb von der erahnten «Fülle» dessen, «was mir schon einmal gegeben war» sowie von einer «Stimmung der Ferne», die mit dem Erlebnis des «Unerreichbaren und mir doch Angehörenden» in dieser Zeit verbunden gewesen sei. Man kann sich fragen, ob manches von dem, was sich zu dieser Zeit in der kindlichen Seele – oft in der Begegnung mit anderen Menschen – geltend macht, nicht einer sehr tiefen Existenzschicht entstammt und bis in die Zeit der Ungeborenheit und der vorgeburtlichen Entschlüsse zurückreicht[75], in eine Willens- und Schicksals-Dimension der eigenen Inkarnation, die im Gefühlsraum des Kindes in bildlicher Weise anklingt und somit erstmals – ahnend – vernehmbar wird. Schliemanns auftretende Entdecker-Sehnsucht gehörte noch keinesfalls in den Bereich des jugendlichen Tat- und Eroberungswillens, des expansiven Entwurfs in die Zukunft. Sie trug vielmehr den Charakter einer schicksalhaften *Erinnerung*, eines tastenden Findens oder Wieder-Findens von Lebensintentionen in der Mitte des eigenen Wesens. Über seine Begegnung mit Mönchen in dieser Zeit seiner Kindheit im Wiener Becken schrieb Rudolf Steiner in autobiographischer Orientierung:

> Am Bergabhange lag ein Redemptoristen-Kloster. Den Mönchen begegnete ich oft auf meinen Spaziergängen. Ich weiß noch, wie gerne ich von ihnen wäre angesprochen worden. Sie taten es nie. Und so trug ich von der Begegnung nur immer einen unbestimmten, aber feierlichen Eindruck davon, der mir immer nachging. Es war in meinem neunten Lebensjahre, da setzte sich in mir die Idee fest: Im Zusammenhange mit den Aufgaben dieser Mönche müssen wichtige Dinge sein, die ich kennen lernen müsse.[76]

Mit dieser «Idee» und Sehnsucht kam Rudolf Steiner zu dieser Zeit nicht weiter; dennoch wirkte sie in ihm und gehörte ihm zu – seiner Individualität und seinem Lebensgang.[77] Ungefähr im selben Alter und durch die Hilfe eines von ihm geliebten Hilfschullehrers fand er jedoch die Geometrie, die ihm viel bedeutete:

> Dass man seelisch in der Ausbildung rein innerlich angeschauter Formen leben könne, ohne Eindrücke der äußeren Sinne, das gereichte mir zur höchsten Befriedigung. Ich fand darin Trost für die Stimmung, die sich mir durch die unbeantworteten Fragen ergeben hatte. Rein im Geiste etwas erfassen zu können, das brachte mir ein inneres Glück. Ich weiß, dass ich an der Geometrie das Glück zuerst kennen gelernt habe. [...]
> Ich sagte mir: Die Gegensätze und Vorgänge, welche die Sinne wahrnehmen, sind im Raume. Aber ebenso wie dieser Raum außer dem Menschen ist, so befindet sich im Innern eine Art Seelenraum, der der Schauplatz geistiger Wesenheiten und Vorgänge ist.[78]

«Ich – Ich bin ich selber, / niemand in der großen Welt ist wie ich. / Ich bin anders als Du / Und jeder andere.» Inmitten umbrechender innerer wie äußerer Bedingungen kann und muss das Kind in der Mitte der Kindheit, in einem «Entwickelungsmoment»[79] und «Lebenswendepunkt»[80], der zu einer Vertiefung des Selbstbewusstseins führt, sein Ich in neuer Weise erfahren – mitunter bereits in der Sphäre dessen, was ihm als Schicksalsaufgabe beschieden ist. Zumeist jedoch bleibt alles bestenfalls Ahnung und Stimmung – eine neue Gestimmtheit der Seele und ihres Lebens-Gefühles im Prozess der Inkarnation, des eigentlichen Lebens-Ganges.

*

2.

«Atemreife»

Die Mitte der Kindheit im Prozess der Inkarnation

Man hat gerade in dieser Zeit Gelegenheit,
die wunderbare Entfaltung der Individual-
kräfte ins Auge zu fassen.

Rudolf Steiner[81]

Rudolf Steiner schilderte in seinen anthropologischen Darstellungen ausführlich die physiologische, seelische und geistige Situation des Kindes im zweiten Lebensjahrsiebt. Er beschrieb dabei im Einzelnen, wie sich die gesamte kindliche Leiblichkeit – auch in ihrer Beziehung zur seelisch-geistigen Entfaltung – durch den eingetretenen Zahnwechsel konstitutionell verändert. Diesen Zahnwechsel des Kindes betrachtete Steiner keineswegs als ein lokales Geschehen, sondern als *«Lebensmetamorphose»*[82], die zum Ausdruck bringt, dass das Formgestaltungsprinzip des ersten Lebensjahrsiebtes, in seiner bestimmenden Tendenz, zu einem Abschluss gelangt ist.[83]

Bis zu diesem Zeitpunkt dominierten die plastischen Aufbau- und Gestaltungsprozesse die physiologische Situation des Kindes, die vom Haupt nach unten in den Organismus wirken – in enger Verbindung mit den Seelenkräften. Rudolf Steiner sprach von der «leibgebundenen» Seele der frühen Kindheitsentwicklung, der leib-seelischen Einheit alles kindlichen Lebens und Erlebens.[84] In einem viel weitergehenden Maße als später sind die körperlichen Phänomene des ersten Lebensjahrsiebtes mit seelischen Prozessen verbunden – wenn das kleine Kind isst, in Hingabe und «leiblicher Religiosität» (Steiner), so vollzieht es keinen ausschließlich physiologischen Prozess, sondern nimmt mit seinem ganzen Dasein an ihm teil, in unlösbarer Wesenseinheit. Auch alle Sinneseindrücke betreffen das Kind in seiner gesamten Existenz; sie sind keinesfalls auf die Peripherie des Leibes – auf den Bezirk der eigentlichen Sinnes-Organe – beschränkt, sondern durchwirken Leib und Seele in der offenen, nachahmenden und ausgesetzten Lage des Kindes. Dann jedoch, am Ende des ersten Jahrsiebtes, verändert sich diese Grundsituation. Die Sinnestätigkeiten werden, so Rudolf Steiner, immer selbstständiger und ziehen sich an die Leibesoberfläche zurück, d. h., sondern sich vom Gesamtorganismus ab und gehen eigene Wege.[85] Dieser Vorgang ist von wesentlicher Bedeutung für die konstitutionelle Situation des Kindes und führt zu einer immer weitergehenden Auflösung der zuvor bestehenden leiblich-seelischen Einheit. Die eigentliche Seele des Kindes, so Steiner, taucht nun erstmals in der ihr eigenen Innerlichkeit «wesenhaft» auf[86]: *«Der Mensch verinnerlicht sich gerade dadurch, dass er sich geistig-seelisch emanzipiert von dem Leiblich-Physischen.»*[87] War das Kind bis dahin «ganz Sinnesorgan» und lebte hingabevoll-nachahmend in seiner Umgebung, so wird es nun «ganz Seele»[88]. Es tritt in eine neue Lebensperiode ein, in jenes zweite Jahrsiebt seines Erdenlebens, das seine Individualität in besonderer Weise zum Ausdruck bringt – von der *«wunderbaren Entfaltung der Individualkräfte»* in dieser Zeit sprach Rudolf Steiner in einem heilpädagogischen Vortrag.[89] Viele der Kräfte, die bis dahin ganz im Sinne des Leibesaufbaus und der Leibesorganisation gewirkt hatten, werden nun frei und stehen für anderes zur Verfügung, auch für das aufnehmende Lernen in der Schule – damit ist die eigentliche Schulreife erreicht.

Im zweiten Lebensjahrsiebt, so Rudolf Steiner weiter, rückt die «Lebensentwickelung» anstelle der «Formbildung» ins Zentrum des kindlichen Inkarnationsprozesses.[90] Sein ätherischer Lebensleib gewinnt eine neue Stellung gegenüber der Physis – zugleich «befestigt» sich das Ich, die Individualität des Kindes, innerhalb dieses Lebensorganismus weiter.[91] Der entscheidende physiologische Prozess, von dem die besondere Leibes- (und Seelen-)Wirksamkeit dieses Zeitalters ausgeht, ist dabei das Rhythmische System, das – zentriert in Atmungs- und Blutzirkulation – in die Mitte der kindlichen Existenz- und Erlebnisweise rückt.[92] In einem allgemeinanthroposophischen Vortrag sagte Rudolf Steiner:

> Was ist [beim kleinen] Kinde am regsten? Gerade die Gehirntätigkeit! Von dieser strahlt die plastische Gestaltung des ganzen Leibes aus. Am regsten ist diese bis zum Zahnwechsel. Beim Zahnwechsel überträgt sich diese Bildungsfähigkeit auf das Atmungs-Herzsystem, und bis zur Geschlechtsreife hat man es mit diesem zu tun.[93]

Am Beginn seines Erdenlebens und über das gesamte erste Lebensjahrsiebt war die Existenzweise des Kindes von seiner Nerven-Sinnestätigkeit geprägt – von dem, was es an und aus der Umwelt nachahmend aufnahm, verinnerlichte und zu eigenen Bildeprinzipien weitergestaltete (d. h. sich «einverleibte»). Das Haupt – als Träger entscheidender Nerven-Sinnes-Funktionen – stand im Zentrum des Geschehens; über die Hauptesorganisation ergriffen gestaltende Kräfte ausstrahlend den Leib.[94] Nun verändern sich der Ort und die Wirkensart des führenden physiologischen Prozesses. Diesen Umschwung im Einzelnen erläuternd, führte Steiner am 31.12.1921 in Dornach vor Lehrern aus:

> Es ist ein bedeutsamer Wechsel, welcher mit dem Menschen vor sich geht, wenn er in den Zahnwechsel eintritt. Nicht nur ist dieser Zahnwechsel ein physisches Ereignis im menschlichen Leben, sondern der Gesamtmensch erfährt eine Metamorphose. Derjenige, welcher Erziehungs- und Unterrichtskünstler sein will, muss durchaus auf diese Metamorphose sachkundig eingehen können. Dasjenige, was ich in den vorangehenden Betrachtungen den ätherischen, den feineren Bildekräfteleib genannt habe, das wird mit Bezug auf gewisse seiner Verrichtungen frei in der Zeit zwischen dem Zahnwechsel und der Geschlechtsreife des Menschen. Das funktioniert vorher organisch-physisch und beginnt von diesem Zeitpunkte an, seelisch zu funktionieren. Dadurch aber wird auch das Leibliche des Menschen in einer ganz anderen Weise von innen heraus ergriffen als früher. Vorher war eigentlich für den Menschen die Sache so, dass gewissermaßen die materialistische Betrachtung im Rechte ist. Diese materialistische Betrachtung sieht in dem Menschen eine Summe von materiellen Vorgängen und in dem

Geistig-Seelischen etwas, was aus diesem Physisch-Leiblichen hervorgeht, mit ihm zusammenhängt, wie die Flamme aus der Kerze. Das ist auch ungefähr richtig für das ganz kleine Kind bis zum Zahnwechsel hin. Da wirkt alles Seelisch-Geistige so, dass es eigentlich in physisch-leiblichen Prozessen besteht, und alle physisch-leiblichen Prozesse sind zugleich seelisch-geistige; das Ganze wird beim Kinde in Bezug auf die plastische Ausgestaltung des eigenen Leibes vom Kopfe aus dirigiert. Seinen Abschluss findet es, wenn im Kopfe das Hervorstoßen der zweiten Zähne beginnt. Da müssen die Kräfte im Kopfe, die vorher tätig waren, aufhören in einem ausgesprochenen Maße tätig zu sein; da zieht sich die seelisch-geistige Tätigkeit mehr in untere Regionen des Leiblichen hinunter und geht über in den Atmungs- und in den Herzrhythmus. Vorher strömen gewissermaßen die Kräfte von ihrer ausgiebigsten Tätigkeit in der plastischen Gestaltung des Gehirnes immer hinunter in den übrigen Organismus, und sie wirken plastisch gestaltend, sie greifen direkt ein in das Substantielle, in das Stoffliche des Menschen. Sie bewirken dort Stoffprozesse.
Das wird anders mit dem Zahnwechsel. Da werden gewisse Kräfte mehr geistig-seelisch, und sie greifen jetzt nur ein in die Bewegungen, die sich im Herz-, im Atmungsrhythmus äußern. Sie wirken nicht mehr in demselben Maße in den stofflichen Vorgängen wie früher, dagegen abgetrennt von dem Körperlichen in das Atmungs- und Zirkulationssystem.[95]

Die Kräfte des mittleren, rhythmischen Menschen intensivieren sich («indem der Atmungsrhythmus, der Zirkulationsschlag stärker wird in diesem Lebensalter») und überwiegen schließlich jene

Hauptesorganisation, die zuvor organisch «prädominierte»[96] und von maßgebender Bedeutung war. Die in sich harmonische «Lebensentwicklung» des zweiten Jahrsiebtes wird vom rhythmischen Dasein und Erleben des Kindes bestimmt.[97] – *«Der Atmungs-Rhythmus, der Blut-Rhythmus, der ganze Rhythmus herrscht zwischen dem Zahnwechsel und der Geschlechtsreife des Kindes. Nur der Rhythmus!»*[98]

Dieser Vorgang vollzieht sich nicht in autonomer Weise im verborgenen, abgeschlossenen Eigen-Sein des Kindes, sondern in seiner – fortgeführten – Partizipation an der Umgebung, an seiner Umwelt und Mitwelt. Hingabevoll nachahmend lebte die Seele (und damit auch der Leib) des Kindes im ersten Jahrsiebt außerhalb seiner Grenzen, im Sein beim Anderen, dessen Existenz mitvollzogen und verinnerlicht wurde. Auch die Ausbildung des Rhythmischen Systems vollzieht sich an der Umgebung, allerdings im atmenden Vollzug und mit freierer seelischer Beteiligung. In eines seiner Notizbücher schrieb Rudolf Steiner:

> Mit dem Zahnwechsel tritt der Rhythmus ein – das Kind gibt sich der Umgebung und seinem Seelisch-Geistigen hin und nimmt deren Eindrücke willig und mit Gefühlsaneil auf. Es bildet sich die Brustorganisation an der Umgebung.[99]

*

Bei der Ausbildung dieser (funktionell verstandenen) «Brustorganisation» ist wesentlich zu berücksichtigen, dass der physiologische Atmungspol des Menschen den Nerven-Sinnesprozessen (und damit der Hauptesorganisation) verwandt und zugeneigt ist, während die Blutprozesse und -rhythmen dem Stoffwechsel-Gliedmaßenbereich als solchem nahe stehen.[100] Indem sich das Rhythmische System, im Herz-vermittelten Zusammenklang von Atmung und Blutzirkulation, zum Zentrum der organischen Lebens-Vorgänge erhebt, müssen die differenten Rhythmus-Prozesse in sich selbst ihre eigene, gleichgewichtige Mitte finden. Aufgrund der generellen Dominanz der Hauptesorganisation (bzw. des Nerven-Sinnessystems) übertreffen, so Rudolf Steiner, die Atmungsvorgänge bis zur Mitte der Kindheit die Blutzirkulationsrhythmen in ihrer funktionellen Bedeutung und Kraft. Dann jedoch kommen sie der Blutzirkulation entgegen, passen sich, so Rudolf Steiner, an diese an, «schalten» sich in diese ein[101], was schließlich zum Auffinden eines individuellen Gleichgewichtes führt: *«Das gleicht sich da aus. Es wird das dem Menschen angemessene Verhältnis hergestellt zwischen Puls und Atemzügen.»*[102] Die Auffindung oder Erreichung dieses Gleichgewichts-Verhältnisses gelingt in der Mitte der Kindheit – zum Zeitpunkt des seelischen Umbruchs. Vor Pädagogen sagte Steiner am 17. April 1923 in Dornach:

> Wie Atmung und Blutzirkulation sich innerlich harmonisieren, wie das Kind atmet in der Schule, wie sich die Atmung allmählich der Blutzirkulation anpasst, das geschieht in der Regel zwischen dem 9. und 10. Jahr. Während zuerst bis zum 9. Jahr die Atmung präponderierend ist, wie dann durch ein innerliches Kämpfen im Organismus sich eine Art Harmonie herausstellt zwischen dem Pulsschlag und den Atemzügen, wie dann die Blutzirkulation präponderierend wird, das ist leiblich auf der einen Seite vorhanden, das ist seelisch auf der anderen Seite vorhanden.[103]

Rudolf Steiner sprach – ohne nähere Erläuterung bzw. Ausführung – von einer «Umwandlung» von Kräften an der Grenze von Atmung und Blut. («Besonders wichtig wird diese Umwandlung der Kräfte, die da stattfindet an der Grenze zwischen dem Atmungsprozess und dem Blutzirkulationssystem.»[104]) In einem anderen Darstellungszusammenhang sagte er: «Zwischen dem neunten und zehnten Lebensjahre liegt der Lebenspunkt, wo das, was vorher in der Atmung lag, was vorher im oberen Menschen noch verankert war, im Wesentlichen übergeht auf die Blutzirkulation, wo innerlich-organisch in dem Kinde jene großartige Richtung ausgeführt wird zwischen eins und vier, zwischen den ungefähr achtzehn Atemzügen in der Minute und den zweiundsiebzig Pulsschlägen. Dieses Verhältnis zwischen Atmung und Blutzirkulation richtet sich in diesem Lebenspunkte ein.»[105] Rudolf Steiner machte darauf aufmerksam, dass die «Einrichtung» des Rhythmus-Verhältnisses bzw. die Auffindung des gesuchten Gleichgewichtes als ein sich vollziehender «Kampf» und damit als ein krisenhaftes Geschehen zwischen Atmungs- und Blutorganismus (und indirekt zwischen Nerven-Sinnes- und Stoffwechsel-Gliedmaßensystem bzw. «oberem» und «unterem» Menschen) verstanden werden muss («wie dann *durch ein innerliches Kämpfen* im Organismus sich eine Art Harmonie herausstellt zwischen dem Pulsschlag und den Atemzügen»). Angestrebt und gesucht wird ein neues Gleichgewicht der Inkarnation, in der Spannung zwischen Himmel und Erde, kosmisch geprägten Hauptes- und irdisch konfigurierten Gliedmaßenkräften und -prozessen.[106] Die zu erlangende «Atemreife» des zweiten Jahrsiebtes – die der zu erzielenden «Erdenreife» des Jugendlichen vorrausgeht, und die bereits erreichte «Sinnesreife» der ersten Lebensperiode voraussetzt[107] – tritt erst am Ende einer kämpferischen Auseinandersetzung ein. Von einem «Gegeneinanderstürmen des Atmungsrhythmus und des Zirkulationsrhythmus» bzw. des «astralischen» und «ätherischen» Leibes (auf der wirkenden «Wesensglieder»-Ebene) sprach Rudolf Steiner in einem allgemeinanthroposophischen Vortrag und sagte erläuternd:

> Es kämpft gewissermaßen in diesem Lebensabschnitte der ätherische Leib, der ja seine besonderen Organisationen durchmacht bis zur Geschlechtsreife, gegen den astralischen Leib. Es ist ein wirklicher Kampfzustand, der in dem Kinde stattfindet. Und wenn wir das physische Korrelat ins Auge fassen, das diesem Kampfzustand entspricht, so können wir sa-

> gen: Es ist in diesem Lebensabschnitte des Kindes in ausgesprochenem Maße vorhanden ein Kampf zwischen den Wachstumskräften und denjenigen Kräften, die in uns hereinspielen durch die physische Inspiration, durch die Atmung. – Das ist ein sehr bedeutsamer Prozess im menschlichen Inneren, ein Prozess, der, um den Menschen zu kennen, immer mehr und mehr wird studiert werden müssen.[108]

Der «Astral-» oder «Seelenleib» ist wesentlich mit den (kosmisch orientierten) Atmungsprozessen des «oberen» Menschen, der «ätherische» Lebensleib dagegen mit den aufsteigenden (irdischen) Blutprozessen verbunden, die in der Mitte der Kindheit an Stärke gewinnen. «Es ist ein wirklicher Kampfzustand, der in dem Kinde stattfindet.» Im Verlauf dieses Vorganges – der weitgehende Folgen für die gesamte Daseinsweise des Kindes hat[109] und in den das kindliche Herzorgan in zentraler Weise einbezogen ist[110] – ereignet sich die seelische Krise des neunten oder zehnten Lebensjahres. Rudolf Steiner bezeichnete die physiologisch-funktionellen Vorgänge als das *«leibliche Korrelat»* des seelischen Umbruchs. («Im Leibe drückt sich das so aus, dass in diesem Lebenspunkt die Atmung sich eigentlich erst richtig einschaltet in die Blutzirkulation. Das gleicht sich da aus. Es wird das dem Menschen angemessene Verhältnis hergestellt zwischen Puls und Atemzügen. Das ist das leibliche Korrelat dafür; das seelisch-geistige ist, dass das Kind jetzt in diesem Lebenspunkte uns als Lehrer und Erzieher ganz besonders braucht.»[111]) Die physiologischen Prozesse, so Steiner in einer anderen Darstellung, sind nur der «Ausdruck für tiefe seelische Vorgänge»[112]. Letztlich aber sind beide Aspekte – die physiologischen *wie* die seelischen Prozesse und Umschwünge – Ausdrucksgestalten einer übergeordneten Krise im Gang des Inkarnationsprozesses, d. h. in der Auffindung des neuen, altersgemäßen Gleichgewichtes. Dies verdeutlichte Rudolf Steiner unter anderem vor Ärzten, denen gegenüber er die Vorgänge in der Mitte der Kindheit als Prozess eines «Einkoppelns des Ich in den menschlichen Organismus von unten» beschrieb, das der Hauptes-Sinnesdominanz – bzw. den von oben wirkenden Ich-Strömungen – der frühen Kindheit von nun an entgegenwirkt, was mit tiefgreifenden Veränderungen im Bereich des Ernährungsprozesses, der Wärmeentwicklung und des gesamten Kräfteverhältnisses verbunden ist.[113] Erst durch den intensivierten Wirkensstrom «von unten», der die spätere «Erdenreife» vorbereitet, entsteht – so Steiner vor den Ärzten – das besondere, mittige und harmonische Gleichgewicht im Verlauf des zweiten Lebensjahrsiebtes: «Die Werkzeuge des Ich, die Polarität des Ich, also das Untere des Ich, das sich mit dem Oberen begegnet, das setzt sich [in der Mitte der Kindheit] erst in ein richtiges Verhältnis ...»[114]

*

Das Kind bildet im zweiten Lebensjahrsiebt seine rhythmische Mitte aus, in einem «kämpferischen» Prozess der Erringung eines neuen, inneren Gleichgewichtes – einem physiologischen Vorgang, der sich jedoch nicht nur im Innern, sondern auch in der Begegnung von Selbst und Welt vollzieht, mit Hilfe ihrer Kräfte: «Das Kind bildet sich von seinem Atmungs- und Circulationssystem aus; *es ist ganz Zuhörer und Musiker.*»[115] Die musikalisch-künstlerische Struktur dessen, was ihr begegnet, nimmt die menschliche Individualität in der Mitte der Kindheit überaus sensibel wahr und auf. Vor Pädagogen sagte Rudolf Steiner:

> Man bedenke, wie mit dem rhythmischen System alles Musikalische verbunden ist. Musik lebt als Rhythmus, der sich im rhythmischen System des Menschen selber fortsetzt. Der innere Mensch selber wird Leier, wird Violine. Sein gesamtes rhythmisches System prägt in sich dasjenige aus, was die Violine, was das Klavier musikalisch entfaltet.

> Und wie mit dem Musikalischen, ist es denn auch auf eine feinere, intimere Weise mit der Plastik und mit dem Malerischen. Auch die Farbenharmonien, die Farbenmelodien werden nachgelebt im Inneren des Menschen als innere Vorgänge des rhythmischen Organsystems.[116]

Obwohl Rudolf Steiner zumeist am Beispiel des Musikalischen im engeren Sinne zu verdeutlichen suchte, welche konstitutiven Kräfte im Kind und um das Kind zu dieser Zeit wirken, so betonte er in verschiedenen Zusammenhängen, welche anderen Künste und Begegnungen durch ihre innere Rhythmizität und Musikalität dabei auch von wesentlicher Bedeutung sind. Im Bereich der Lebenskräfte, so Steiner, ist der ganze kindliche Organismus zu dieser Zeit auf das Musikalische «hinorganisiert»[117], d. h., auf die Kräfte, die «in» der Sprache und «in» der Musik wirken, ohne auf diese begrenzt zu sein.[118] Erläuternd sagte er am 16. Oktober 1920 in Stuttgart:

> Diejenigen Kräfte, die musikalischer Art sind, sind mehr aus der äußeren Welt, aus der außermenschlichen Welt aufgenommen, aus der Beobachtung der Natur, aus der Beobachtung der Vorgänge in der Natur, vor allem aus der Beobachtung ihrer Regelmäßigkeiten und Unregelmäßigkeiten. Durch alles das, was in der Natur vor sich geht, geht ja eine geheimnisvolle Musik: die irdische Projektion der Sphärenmusik. In jeder Pflanze, in jedem Tier ist eigentlich ein Ton der Sphärenmusik inkorporiert. Das ist auch noch mit Bezug auf den menschlichen Leib der Fall, lebt aber nicht mehr in dem, was menschliche Sprache ist, das heißt nicht in den Seelenäußerungen, wohl aber im Leibe in seinen Formen und so weiter. Alles das nimmt das Kind unbe-

> wusst auf, und das macht, dass Kinder in einem so hohen Grade musikalisch sind. Sie nehmen das alles in den Organismus auf.[119]

Indem das Kind der rhythmisch-musikalischen Struktur der Welt unbewusst oder halbbewusst begegnet, erhält es zentrale Anregungen für die Arbeit, die ihm selbst physiologisch aufgegeben ist – in der Harmonisierung der eigenen Atmungs- und Blutzirkulation und der nachfolgenden Leibesgestaltung aus ihnen. Die in der Umwelt wahrgenommene und aus ihr aufgenommene Musikalität gestaltet das Kind zu inneren Bildekräften um – und dies bereits *vor* Erreichen des Wendepunktes im neunten oder zehnten Lebensjahr, wie Steiner betonte: «Wenn wir das Kind beobachten in Bezug auf das musikalische Aufnehmen bis zu diesem Lebenspunkte zwischen dem 9. und 10. Jahr – beobachten, wie auch das Musikalische in dem Kinde eigentlich plastisch lebt, wie es selbstverständlich zur inneren Plastik des Leibes wird, wie auch das Musikalische beim Kinde außerordentlich leicht in das Tanzartige, in die Bewegung übergeht: Da müssen wir erkennen, wie das eigentliche innere Erfassen des Musikalischen gerade erst zwischen dem 9. und 10. Jahr auftritt. Das wird ganz deutlich bemerkbar sein.»[120] Erst *nach* der Ausbildung seiner rhythmischen Mitte – im etablierten «Verhältnisgleichgewicht» seiner Atmungs- und Zirkulationsprozesse – kommt das Kind zum «eigentlichen inneren Erfassen des Musikalischen», auf der Basis seiner diesbezüglich vorbereiteten Leiblichkeit. («Und hat das Kind etwa das neunte Lebensjahr vollendet, dann bekommt es bis zum zwölften Lebensjahre hin erst ein Verständnis für Rhythmus und Takt an sich, für das Melodiöse an sich. Es will jetzt nicht mehr so stark das Rhythmische, das Taktmäßige im Inneren nachbilden; es fasst es als solches, als Gebilde, das außer ihm steht, auf. Vorher erlebt das Kind Rhythmus und Takt; nachher fängt es an, Verständnis, Auffassungsgabe dafür zu entwickeln.»[121]) Insbesondere in der Zeit vom Zahnwechsel bis zum Lebenswendepunkt im neunten/zehnten

Jahr, der die Ausbildung der rhythmischen Gleichgewichts-Organisation mit sich bringt, setzt, so Rudolf Steiner, das Kind die musikalische Struktur seiner Umgebung in sein inneres Dasein um – ein physiologischer Vorgang, der in unterschiedlicher Intensität bis zum Erreichen der «Erdenreife» anhält und dieser Kindheitsepoche ihre besondere Signatur gibt: «Wenn wir sagen, dass das Kind bis zum siebenten Jahre ein innerlicher Plastiker ist, so ist es bis zum vierzehnten Jahre, bis zur Geschlechtsreife, ein innerlicher Musiker.»[122] Ein wirkliches Verständnis und eine konkrete «Auffassungsgabe» für die Gesetze und Kräfte des Musikalischen gewinnt das Kind erst *nach* Auffinden seines rhythmischen Gleichgewichtes; davor und danach aber bildet es seinen Leib aus diesen Kräften weiter.

Indem es die Musikalität seiner Umwelt wahr- und aufnimmt, wird der Seelenleib des Kindes[123], so Rudolf Steiner, «durchvibriert», wodurch sich eine unmittelbare Aktivität im Leibes- und Seeleninnern ergibt. («Es vibriert mit. Es bildet innerlich dasjenige nach, was es äußerlich wahrnimmt.[124]) Das Kind hat zu dieser Zeit ein rhythmisches, musikalisches Bedürfnis – und ist zugleich ein Wesen, «das innerlich musikalisch durch Rhythmen seinen Körper durcharbeiten will», wie Rudolf Steiner vor Lehrern ausführte:

> Das Kind hat in diesem Lebensalter einen inneren Drang, einen inneren Trieb, dasjenige, was es allmählich als selbstständiges Geistig-Seelisches hat, zu erleben, allerdings unbewusst, instinktartig, als Rhythmus, als Takt, aber als Rhythmus und Takt, die sich zunächst im eignen Leib abspielen. Und es hat eine Sehnsucht nach diesem Abspielen von Rhythmus und Taktmäßigem *in der eigenen Organisation*. Es ist notwendig, zu berücksichtigen, dass man alles, was man an das Kind nach dem Zahnwechsel heranbringt, in einer solchen taktmäßigen, rhythmischen Weise gestaltet, damit es sich in dasjenige einglie-

> dert, was das Kind eigentlich haben will. Man muss gewissermaßen als Lehrer und Erziehungskünstler in einem taktmäßigen, rhythmischen Elemente leben können, damit das an das Kind heranschlägt und das Kind sich in seinem Elemente fühlt.[125]

Den von ihm ersehnten Rhythmus und Takt, die musikalische Struktur der Umgebung, die in Beziehung zu seinem Geistig-Seelischen steht, will das Kind im Innern ausleben und bildet seinen Leib als «musikalischer Künstler nach innen» dadurch aus und weiter.[126] Bereits im ersten Lebensjahrsiebt, so Rudolf Steiner erläuternd, war das Kind dazu befähigt, die Musikalität seiner Umwelt intensiv wahrzunehmen und nachahmend zu verinnerlichen. Vor dem Zahnwechsel aber geschah eine Umsetzung in plastischbildende Kräfte – nun erst wird eine solche in ein «innerlich musikalisches Element» möglich.

Im Hinblick auf die spezifisch leibbildende Bedeutung dieses Vorganges betonte Rudolf Steiner vorrangig die Durchorganisierung des Muskel- (und später auch des Knochen-)Systems an den aufgenommenen und metamorphosierten Kräften, die über das Rhythmische System dem Organismus einverwandelt werden: «In der ersten Lebensperiode, bis etwa zum vollendeten neunten Jahre hin, will das Kind alles, was an es herandringt, in innerlichen Rhythmen, in innerlich Taktmäßigem ausleben, *das sich mit seinem Atmungs- und Herzrhythmus zusammenfügt, und dadurch mittelbar wiederum mit dem, wie die Muskeln, wie die Knochen sich gestalten.*»[127] Vor Lehrern sagte er am 31.12.1921 in Dornach näher erläuternd:

> Das Kind bildet sich ja in dieser Zeit durch die andersartige Wirkung seines Äther- oder Bildekräfteleibes auch so aus, dass sich die Gliedmaßen in dieser Zeit stark verlängern, dass das Muskel- und Knochenleben, das Skelettleben in dieser Zeit eine besondere Rolle spielt und sich dem Atmungs-, dem Zirkulationsleben anpassen will. Das Kind wächst in

> dieser Zeit so, dass die Muskeln mitvibrieren, zum Teil in besonders hervorragendem Maße mit dem Atmungs-, mit dem Zirkulationsrhythmus, dass das ganze Wesen des Kindes einen musikalischen Charakter annehmen will.[128]

In erster Linie, so führte Rudolf Steiner an anderer Stelle aus, wird tatsächlich das System der Muskulatur nach Ausbildung der rhythmischen Mitte von dieser aus in musikalischer Weise durchorganisiert: «Wenn das Kind gegen das 10. Jahr kommt, dann entwickelt sich dasjenige, was im Atmungs- und Blutzirkulationssystem drinnen waltet; der Takt, der Rhythmus, der da drinnen ist, die entwickeln sich in das Muskelsystem hinein. Die Muskeln werden vom Blut versorgt, und das Blut vibriert in die Muskeln so hinein, wie der Mensch innerlich ist. So dass der Mensch zwischen dem 9. und 11. Jahre sein Muskelsystem so ausbildet, wie es seinen innerlichen rhythmischen Anlagen gemäß ist.»[129] Die Muskeln gewinnen ein «intimes Verhältnis zum Atmungs- und Zirkulationssystem» und «neigen zu ihm herüber», wodurch die ganze Bewegungsgestalt des Kindes eine besondere Harmonie und Natürlichkeit gewinnt, bestimmt von dem «im Innern abgeschlossenen rhythmischen System»:

> Wenn wir das Kind mit einer wirklichen Menschenerkenntnis beobachten, dann zeigt sich, dass von dem Zeitpunkte, der zwischen dem neunten und zehnten Lebensjahre bis gegen das zehnte Lebensjahr hin liegt, das Kind alles das, was es seelisch verarbeitet, so verarbeitet, dass vorzugsweise das Muskelsystem in seinen Wachstumskräften überall mitarbeitet. Es geht in dieser Zeit im Kinde eben nichts anderes vor, als dass mit dem Seelischen das Muskelsystem mitarbeitet, und zwar in seinen intimeren Wachstumskräften mitarbeitet. Das innere Schwellen, Längerwerden der Muskeln, ist im We-

sentlichen davon abhängig, wie die Seelenkräfte sich entwickeln. Und das Eigentümliche im kindlichen Alter zwischen dem zehnten und zwölften Jahre ist dieses, dass die Muskeln ein intimes Verhältnis zum Atmungs- und Zirkulationssystem haben; sie neigen zum Atmungs- und Zirkulationssystem hinüber. Und an das appellieren wir ja gerade in einer wirklich kunstgemäßen Erziehung. Also wir greifen auf dem Umwege durch das Atmungs- und Zirkulationssystem in das Muskelsystem ein.[130]

Erst ab dem 12. Lebensjahr, so Steiner weiter, wendet sich der Muskel dann in der Annäherung an die Erdenreife «von seiner Intimität zum Atmungs- und Zirkulationssystem herüber zu seiner Intimität mit dem Skelett- und Knochensystem»[131], und begibt sich damit in den Bereich der dynamisch-mechanischen Kräfte. Damit beginnt der Vorgang des «Hineinversetztwerdens» in die Außenwelt, der das Jugendalter in besonderer Weise kennzeichnet[132], in all seinen Möglichkeiten und Schwierigkeiten.

*

In der «Mitte der Kindheit» aber lebt das Kind noch ganz aus den Kräften *seiner* Mitte, seinem seelischen Innenraum, den es ab dem neunten/zehnten Lebensjahr gewahrwerdend betritt. Mit der gelingenden Rhythmus-Zentrierung seines Daseins sind viele Veränderungen verbunden, die das Gefühlsleben des Kindes betreffen, darunter sein gesamtes Verhältnis zur Sprache, die nicht länger ausschließliches Ergebnis der Nachahmung, sondern in zunehmender Weise Ausdruck seines Eigenseins wird.[133] Die Sensitivität des Kindes für Sprachliches steigt nach dem Zahnwechsel weiter an, was zu den zentralen Elementen seiner Schulreife gehört: «In den ersten sieben Lebensjahren ist das Interesse für die Geste, für das Bewegungshafte vorhanden; in der Zeit vom 7. bis 14. Jahre das Interesse für alles, was bildhaft ist, und die Sprache ist das vorzüglichste Bildhafte. Das Interesse des Kindes geht nach dem Zahnwechsel von der Geste an die Sprache über.»[134] Ohne Zweifel hatte auch das Kind im ersten Lebensjahrsiebt Freude und «Interesse» an der Sprache, in die es hörend und nachahmend hineinwuchs. Dennoch war zu dieser Zeit die Handlungsgestalt des Gegenübers im Raum das Maßgebende und Entscheidende, an dem sich die verinnerlichte Wahrnehmung prioritär vollzog – das Sein und Verhalten des Erwachsenen oder der Geschwister, und nicht in erster Linie ihre Worte. Über die eigene Gliedmaßensphäre eroberte sich das Kind den Raum, in dem es sich zu orientieren begann; nun jedoch, im zweiten Lebensjahrsiebt, bewegt sich der Lebensprozess in die Mitte des Menschen. «Das Kind bekommt zwischen dem Zahnwechsel und der Geschlechtsreife ein ganz anderes Verhältnis zur Sprache.»[135] Es «erwacht» zunehmend für die Sprache, und nicht nur für die Handlung seines Gegenübers, für die Sprache als Ausdruck eines Inneren, einer Individualität – damit auch für dasjenige, was «moralisch» in der Sprache liegt, wodurch es für das Wort des unterrichtenden Lehrers erreichbar wird.[136] *«Das Wort mit seinem Sinn, das wird nun das Richtunggebende. Einfach durch die Wesenheit des Menschen wird das Wort mit seinem Sinn das Richtunggebende.»*[137]

All dies ereignet sich vor dem Hintergrund – und auf der Basis – jener Prozesse, die sich im zweiten Lebensjahrsiebt im Rhythmischen System vollziehen. Das ab dem neunten/zehnten Lebensjahr mögliche «Durchfühlen der Sprache»[138] und das sich ausbildende «Stilgefühl für die Sprache»[139] hängen mit dem sich findenden rhythmischen Gleichgewicht in der Wesensmitte zusammen und sind zugleich unterstützende Elemente seines Erreichens. In den Selbstzeugnissen von Kindern dieser Entwicklungszeit, die vereinzelt auch die Niederschrift von Gedichten umfassen können, wird das von Rudolf Steiner betonte «Durchfühlen der Sprache» in eindrucksvoller Weise ansichtig, ebenso das gewonnene Vermögen des Kindes, eigene Erlebnisse erinnern und in einen gefühlten, von Rhythmusprozessen getragenen Gedächtnisraum aufnehmen zu können: «Kann man beobachten, so muss man sagen, dass so bis zum Zahnwechsel hin die innere Tätigkeit, die bei der Erinnerung spielt, die also im Gedächtnis lebt, mehr ähnlich sieht einer äußeren Gewohnheit, wie sie sich mit Hilfe des Körperlichen im Kinde ausbildet, als später. Das Kind erinnert sich auch, und sogar sehr gut; aber dieses Erinnern, das kommt einem mit Recht vor wie das wiederholte Ausüben einer Tätigkeit, die man sich als Geschicklichkeit angeeignet hat. Dieses ganze Gedächtnis des Kindes in der ersten Lebensepoche ist eigentlich eine innere Geschicklichkeit, ein Herausbilden einer inneren Gewohnheit, während dem nach dem Zahnwechsel und später es so wird, dass das Kind wirklich auf seine Erlebnisse erst zurückschaut, also erst innerlich in der Vorstellung wie in einer Art von Rückschau die gehabten Erlebnisse überblickt. So ändert sich im Gedächtnis, im Erinnerungsvermögen, radikal das Seelenleben des Kindes.»[140] «Nach dem Zahnwechsel tritt ein erlebter Begriff, eine erlebte Vorstellung als erinnerter Begriff, als erinnerte Vorstellung wieder auf; vor dem Zahnwechsel lebt man in Gewohnheiten, die nicht innerlich verbildlicht werden.»[141]

Deutlich wird, dass sich hier insgesamt ein wesentlicher Schritt auf dem Weg zu jener Erdenreife ereignet, die den Jugendlichen im Vollbesitz seiner Seelenkräfte zeigt. Aus der primären Raum- und Handlungsorientierung des Kindes über die Sprachbetonung seines fühlenden Wesens (in der Mitte der Kindheit) gelingt schließlich der Aufstieg zum denkenden Ich, das zur Idealbildung befähigt ist, d. h., seine handlungsleitenden, durchseelten Ideen in den eigenen Willen aufzunehmen vermag, im Zusammenhang von Denken, Fühlen und Wollen. Der Jugendliche, nicht aber das Kind in der Mitte der Kindheit, ist dazu befähigt, sein Dasein an ideellen Motiven zu orientieren – an Gedanken über das eigene Sein und die intendierte Zukunft –, und daraus willentlich zu handeln.[142] Er vermag dies aber nur, wenn er aus der Mitte der Kindheit und insbesondere aus dem krisenhaften Übergang im neunten / zehnten Lebensjahr jenes tragende Ich-Gefühl seines Wesens mitbringt, das die Voraussetzung aller weiteren Vollzüge ist, insofern sie mit der wirklichen Individualität des Menschen verbunden sind. Erneut auf die Bedeutung der Sprach-Beziehung im zweiten Jahrsiebt eingehend, sagte Rudolf Steiner:

> Da werden alle Dinge der Seele, die in der Sprache ihre äußere Offenbarung haben, in ein anderes Stadium ihrer Entwickelung kommen, einen anderen Charakter annehmen. Ja, es ist so – zum größten Teile gehen diese Dinge noch im Unterbewusstsein vor sich, aber sie bestimmen die ganze Entwickelung des Kindes –, dass der Mensch zwischen seinem siebenten und vierzehnten Jahre ringt gerade mit dem, was in der Sprache, oder auch, wenn er mehrere Sprachen beherrscht, was in den Sprachen liegt. Er weiß nicht viel von diesem Ringen, weil es unbewusst ist. Allein er ringt damit, dass dasjenige, was sich als Laut aus seinem rhythmischen System herausbewegt, immer intensiver und intensiver mit seinen Gedanken, mit seinem Empfinden, mit seinem Wollen sich zusammengliedert. Und es ist ein Erfassen des Menschen gegenüber dem eigenen Selbst, was sich da in dieser Lebensepoche gerade an der Sprache herausbildet.[143]

*

Bildet sich, gefördert von einer altersgemäßen Erziehung, die – so Rudolf Steiner – «innerliche musikalische Struktur» als «Verhältnisrhythmus» der Atmungs- und Blutzirkulationsprozesse und -bewegungen aus[144], so wird das Rhythmische System des Kindes nicht nur zum Zentrum seines physiologischen Lebens, sondern auch zu einem Träger positivster Entwicklungen im zweiten Lebensjahrsiebt. Die «Atemreife» – in ihrem erreichten Zusammenklang mit der Blutzirkulation – impliziert die physiologische Tatsache, dass über den Atmungsprozess (mit Hilfe des ätherischen Leibes) Gesundheitskräfte aus der rhythmischen Mitte des Kindes durch den Leib strömen. «*Der Mensch ist eigentlich durch seine innere Wesenheit in der zweiten Lebensepoche, vom Zahnwechsel bis zur Geschlechtsreife am allergesündesten*», hob Rudolf Steiner vor Ärzten hervor[145], und sagte in einem allgemeinanthroposophischen Vortrag:

> Alle heilenden Kräfte liegen nämlich ursprünglich im menschlichen Atmungssystem. Und wer den ganzen Umfang des Atmens wirklich versteht, der kennt aus dem Menschen heraus die heilenden Kräfte. Nicht in den andern Systemen liegen die heilenden Kräfte. Die andern Systeme müssen selbst geheilt werden [...].
> Es liegt ein geheimnisvolles Heilungsweben gerade im Atmungssystem. Und alle Geheimnisse des Heilens sind zugleich die Geheimnisse des Atmens.[146]

Der gesunde Atmungsrhythmus in der Mitte der Kindheit, aus den Kräften des eigenen Leibes, der sich von der Vererbungsleiblichkeit der Eltern nachhaltig unterscheidet[147], bringt, so Rudolf Steiner, harmonisierend-ausgleichende und heilende Kräfte mit sich. Das Rhythmische System, dessen Zentrum im Atem liegt, ermüdet nicht und wird – auf der anderen Seite – «durch seine eigene innere Wesenheit» niemals «zuviel erregt»[148]. Krankheitseinflüsse und -erscheinungen des zweiten Lebensjahrsiebtes kommen im Wesentlichen von außen an das Kind heran – aus sich selbst heraus erreicht der Mensch in der Mitte der Kindheit das gesündeste Niveau seines Lebens.[149] Über die Physiognomie der Kinder in dieser Zeit und über die biographischen Auswirkungen des gelungenen Rhythmus-Gleichgewichtes sagte Rudolf Steiner in einem Vortrag vor Lehrern:

> Man kann sehen, wenn man das Künstlerische [...] an die Kinder [...] heranbringt, [...] dass dann sich die Physiognomien, die wirklichen Physiognomien der Kinder ändern, wie wirklich kleine Varianten in der körperlichen Physiognomie auftreten, und dass zwischen dem 7. und 9. Lebensjahre das Kind sich innerlich so erfasst, dass man sieht, es kommt in seine Gesichtsphysiognomie etwas Gesund-Aktives, nicht Nervös-Aktives hinein. Es ist von einer eminenten Wichtigkeit für das ganze Leben, dass das eintritt; denn durch dieses Eintreten eines gesund-aktiven Momentes in der Physiognomie, dadurch gelangt man dazu, im späteren Leben auch Weltenliebe, Weltengefühl, innerliche Heilkräfte gegen jede Art von Hypochondrie, überflüssige Kritikasterei und dergleichen zu entwickeln.[150]

Rudolf Steiner sprach in dieser Weise ausführlich über die physiologischen und seelischen Veränderungen in der Mitte der Kindheit – und er tat dies, weil er um die Bedeutung der Pädagogik und des Pädagogen für das Bestehen dieses entscheidenden Übergangs wusste. Das Erreichen des Verhältnisgleichgewichts zwischen Atmungs- und Blutzirkulation – und all das damit Verbundene und Ermöglichte – ist kein naturgesetzliches, notwendig gelingendes Werk, sondern setzt eine fördernde, hilfreiche und unterstützende Umgebung voraus. Erzieher und Eltern auf ihre diesbezüglichen Aufgaben vorzubereiten und eine Unterrichtsgestalt zu entwickeln, die den spezifischen Anforderungen dieses Lebensalters gerecht wird, war Rudolf Steiner ein wichtiges Anliegen.

*

3.

«Ich und Du»

Zur Didaktik der Waldorfschule und zur pädagogischen Bedeutung des Gegenübers

Wir müssen bei jeder einzelnen kindlichen Individualität auf diesen wichtigen Zeitpunkt eingehen, weil der für das ganze folgende Leben ausschlaggebend ist.

Rudolf Steiner[151]

Der Schulunterricht im zweiten Jahrsiebt des Kindes, beginnend mit der Einschulung, muss der Kräftesituation des Kindes angemessen sein, d. h., diese kennen und auf sie zu antworten versuchen. Prinzipiell geht es in diesem Alter in anthroposophischer Anschauung darum, die freiwerdenden Kräfte, die bis zum Zahnwechsel leibbildend und leibgebunden wirksam waren, als solche anzusprechen. Diese («ätherischen») Kräfte, über die das Kind verfügt, wissen um die Bildeprinzipien, um die Morphologie und Funktionalität des Leibes, an dessen Formung sie zuvor mitbeteiligt waren. Möchte man sie in den Dienst des kindlichen Lernens, das heißt der weiteren Ausbildung seines Seelisch-Geistigen stellen, so sollte die Brücke zur Vergangenheit gewahrt werden – durch eine Metamorphose der Wirkensrichtung, nicht jedoch der Wirkensart. In einem Vortrag sagte Rudolf Steiner: «Deshalb führen wir einen künstlerisch aufgefassten Unterricht von der Waldorfschule ein, lehren das Kind nicht einfach schreiben, sondern lehren es zuerst zeichnend Malen, so dass es aus den Formen, wo es den ganzen Menschen in Bewegung bringt, dasjenige herausgestalten muss, was aus dem Zahnwechsel herausgestaltet ist; gewissermaßen in den ganzen Menschen in Gemäßheit seiner Leibesform verlegt wird, wo versucht wird, die Hände, die Finger in solche Bewegung zu bringen, indem sie zeichnen, indem sie malen, dass dasjenige, was in dem Seelischen gewebt hat, während das Seelische noch organisierend war, dass das weiter weben kann. […] Man hat dasjenige zu tun, dass man fortdauernd sieht, dass nun wirklich dasjenige, was da frei wird an Geistig-Seelischem, dass das im Sinne des Menschenwachstums sich gestaltet; dass wir gewissermaßen nachbilden dasjenige, was im Organismus heraus will, auch im Geistig-Seelischen, dass wir den Menschen kennen und ihm dasjenige beibringen, was die ganze Harmonie seines Wesens in Regsamkeit bringt. Aus dem Inneren des Menschen haben wir ja alles hervorzuholen.»[152] Um dieses zu erreichen, so Rudolf Steiner, muss der Lehrer «Künstler» und muss die Pädagogik «Erziehungs-Kunst» sein. Der Unterrichtende ist vor die Aufgabe gestellt, «diejenigen Kräfte, die vorher plastisch in der Ausgestaltung des Organismus gewirkt haben»[153], in den Dienst des Auffassens und Lernens zu stellen, *indem* ihre Eigenart erkannt und in künstlerischer Weise aufgegriffen wird.

Die Seelenkräfte des Kindes, die einst leibbildend tätig gewesen sind, streben, so Steiner, auch im zweiten Jahrsiebt nach «innerlich plastischer Bildhaftigkeit»[154]. «Bildhaft» sollte von daher auch der Unterricht in den ersten Jahren nach der Einschulung sein – und zugleich jenes physiologische Rhythmus-System ansprechen und einbeziehen, das ganz im Zentrum des kindlichen Inkarnationsprozesses zu dieser Zeit steht. Beide Akzentuierungen sind dabei Ausdruck eines *einheitlichen* Grundvorganges, auf den die Pädagogik altersentsprechend einzugehen hat. Denn insoweit sich die Freiwerdung oder organische Loslösung der ätherischen Kräfte vollzieht, gestaltet sich – mit ihrer Hilfe – das Rhythmische System des Kindes aus.[155] Der «bildhaft»-künstlerische Unterricht, der in seiner fachlichen und methodisch-didaktischen Gesamtkomposition eine musikalische Struktur aufweisen muss[156], wendet sich, so Steiner, direkt an das Rhythmische System bzw. die mit ihm verbundenen Kräfte, und ist deshalb segensreich für das Kind, dessen Entwicklung er fördert. («Man soll mit allem Unterricht und aller Erziehung neben dem Kinde sich so verhalten, dass dieses unter dem Eindruck unseres Verhaltens sein rhythmisches System frei und harmonisch entfaltet.»[157]) Am 22. Juni 1922 führte Rudolf Steiner in Stuttgart vor den Lehrern der Waldorfschule aus:

> Das rhythmische System wird […] unmittelbar von der Seele aus angeregt, wenn man künstlerisch, plastisch-künstlerisch oder musikalisch-künstlerisch den ganzen Unterricht gestaltet. Man wird dann schon bemerken, dass das Kind kaum ermüdet in erheblichem Grade gerade durch solchen Unterricht. Und der Lehrer sollte eigentlich ein sorgsames Auge dafür sich anschaffen, ob seine Kinder zu

> stark ermüden; er sollte sich einen gewissen Instinkt dafür anschaffen, ob die Ermüdung viel größer ist als sie sein muss nach den bloß äußeren Bedingungen, dass die Klassenluft etwas schlechter ist als sie sein sollte, dass die Kinder sitzen müssen durch Stunden, also die rein physischen Dinge, die den Stoffwechsel-Gliedmaßenorganismus in Anspruch nehmen. Dann wiederum muss das Kind denken. Wenn die Gedanken in leiser Weise nachklingen im Rhythmus, dann ermüden sie nicht allzu stark. Sie ermüden etwas, aber nicht allzu stark. Dasjenige, was für das Kind ganz besonders in Anspruch genommen werden muss als das körperliche Organ der Erziehung, des Unterrichtes, das ist eben das rhythmische System. Nun müssen wir in denjenigen Gegenständen, die nicht direkt auf das Künstlerische gerichtet sind, uns bemühen, den Unterricht so künstlerisch als möglich zu gestalten. Das muss schon ganz ernst genommen werden, denn das ist das einzig wirkliche Mittel der Erziehung: das Künstlerische zwischen dem Zahnwechsel und der Geschlechtsreife.[158]

Über eine einseitige, intellektualistische Unterrichtsform und -gestaltung und ihre gesundheitsschädigende – da die Ausbildung des Rhythmischen Systems irritierende – Folge sagte Steiner in einer anderen Darstellung:

> Übertreibt man das Intellektualistische, ist man nicht imstande, auf das Bildhafte überzugehen, dann kommt beim Kinde in einer feinen, intimen Weise der Atmungsprozess in Unordnung. Ich möchte sagen, es verdichtet sich in einem ohnmächtig werdenden Ausatmungsprozess. Das müssen Sie sich nicht gleich grob vorstellen, sondern in feiner Wei-

> se, in differentieller Weise. Es verdichtet sich der Ausatmungsvorgang, und das Kind hat ein unterbewusstes Alpdrücken, wenn der Intellektualismus zwischen dem siebenten und vierzehnten Jahre zu stark an es herangebracht wird. Es kommt ein innerlich, ich möchte sagen, intimes Alpdrücken zustande, das der Organisation bleibt und das in einem späteren Alter zu asthmatischen Zuständen oder allerlei Krankheiten treibt, welche zusammenhängen mit einem nicht flotten Atmungsprozess.[159]

Es ging Rudolf Steiner in diesem Zusammenhang nicht darum, einzelne Krankheitsbilder pathogenetisch abzuleiten, wohl aber um den konkreten Aufgabengehalt der Schulerziehung. In dem Maße, wie das Rhythmische System im zweiten Lebensjahrsiebt an Bedeutung gewinnt, erfordert es eine ihm gemäße Behandlung, d. h., eine altersgerechte, auf die Physiologie und Psychologie des werdenden Menschen abgestimmte Pädagogik. Irritationen leiblicher Funktionskreise durch Unterrichtsmethoden und -inhalte, die in theoretisch-abstrakter Form (als staatlich verordneter Lehrplan und -stoff) *ohne* anthropologische Orientierung entstehen, sind biographisch folgenreich – im Hinblick auf die Persönlichkeitsentwicklung der kindlichen Individualität, aber auch unter dem Aspekt späterer Krankheitswege und -tendenzen in leiblicher Ausprägung.[160]

*

Im Hinblick auf die schulischen Lehr-Inhalte *vor* dem Umbruch des neunten/zehnten Lebensjahres wies Rudolf Steiner darauf hin, dass die noch weitgehende Ungeschiedenheit des Selbst- und Welterlebens bis zu diesem Zeitpunkt praktisch berücksichtigt werden muss. Entgegen einer vorzeitigen (forcierten) kognitiven Erziehung mit distanziert behandelten «Lehr-Gegenständen» forderte und förderte Rudolf Steiner in diesem Alter eine bildhafte

Darstellungsweise der beseelten Welt, die der noch nicht vollzogenen Ablösung Rechnung trägt. – «Da muss man märchenhaft sprechen, da muss alles in der Außenwelt noch ungeschieden sein von der kindlichen Natur. Da muss die eine Pflanze mit der andern sprechen, ein Mineral mit dem andern sprechen; da müssen Pflanzen sich küssen, da müssen Pflanzen Vater und Mutter haben und so weiter.»[161] «Das Kind, wenn es den Zahnwechsel eben vollendet hat, würde es als etwas wie Spieße in seine Organisation Eindringendes empfinden, wenn man es in begriffsmäßiges Denken, namentlich über dasjenige einführen wollte, was aus dem Unlebendigen, aus dem Unorganischen heraufgekommen ist. Schon durch das fühlt sich das Kind fremdartig berührt, was aus dem Unbeseelten heraufgenommen wird. Daher muss man den künstlerischen Sinn in sich haben, wenn man ein Kind in diesem Lebensalter zu erziehen hat, alles wirklich noch zu beleben. Der Lehrer muss beleben; der Lehrer muss die Pflanzen sprechen lassen, die Tiere moralisch handeln lassen, der Lehrer muss in der Lage sein, alles ins Märchen, in die Fabel, in die Legende zu verwandeln.»[162] «Man muss [...] sagen: Das Schlimmste, was einem Kinde vor dem vollendeten neunten Lebensjahre passieren kann, ist, wenn es ein mechanisches Verständnis einer Lokomotive oder eines Tramwaywagens oder dergleichen gewinnt.»[163]

Erst ab dem Wendepunkt in der Mitte der Kindheit ist das Kind wirklich dazu in der Lage, «die Natur als solche zu erfassen»[164] und mit einer «Art Realerkenntnis an die Pflanzen und Tiere heranzukommen»[165]. Ohne Zweifel ist es bereits in den Jahren zuvor möglich, dem Kind diese «Realerkenntnisse» scheinbar nahe zu bringen, d. h., diese zu lehren und von den Kindern kognitiv rekapitulieren zu lassen. Dennoch entspricht ein solches Vorgehen nicht dem Gang der kindlichen Entwicklung und führt zu Prozessen der subtilen Desintegration – einer vorzeitigen Aktivierung von Seelenkräften, die den Bezug zur Gesamtpersönlichkeit, aber auch zu ihrer realen Weltverankerung verlieren. Obwohl der gesamtzivilisatorische Druck ohne Zweifel in diese Richtung wirkt, lehnte Rudolf Steiner ein solches Vorgehen ab und plädierte dafür, dem wirklichen Stimmungs- und Bewusstseinszustand (und damit auch dem unbewussten *Sehnen*) des Kindes im siebten oder achten Jahr Rechnung zu tragen und die Weise der Darstellung an ihm zu orientieren, sodann jedoch in subtiler Weise jenen Umschlagpunkt zu beachten, der die Mitte der Kindheit markiert und andere Formen (und Inhalte) des Lehrens gestattet und erfordert: «Da nimmt das Ich-Gefühl eine Form an, welche dem Kinde ein solches Verhältnis zur Natur und auch zur andern Umgebung gibt, so dass man zu ihm mehr von den Beziehungen der Dinge und Vorgänge *zueinander* sprechen kann, während es vorher fast ausschließlich Interesse entwickelt für die Beziehungen der Dinge und Vorgänge *zum Menschen.*»[166]

Mit der dadurch eintretenden Veränderung sah Rudolf Steiner eine besondere pädagogische Aufgabenstellung verbunden. Denn einerseits ermöglicht die gelungene Ausbildung des Rhythmischen Systems und des damit verbundenen «Selbstgefühls» die Unterrichts-Darstellung von «Dingen und Vorgängen» in einer vom Menschen bzw. vom Kind zunehmend abgelösten Form («so dass man zu ihm mehr von den Beziehungen der Dinge und Vorgänge *zueinander* sprechen kann»); auf der anderen Seite aber geht es gerade in dieser Zeit darum, dass der Vorgang der Ablösung nicht zu einer Entfremdung führt – zu einer Vereinsamung im Ich-Gefühl, das die Welt verliert. Man kann ab dem Krisenzeitpunkt des ca. neunten Lebensjahres, so Steiner, «*mehr* von den Beziehungen der Dinge und Vorgänge zueinander sprechen», sollte dabei jedoch nie den wesentlichen Bezug des Einzelnen zum Ganzen und die Beziehung der Natur- zur Menschenkunde aus dem Auge verlieren. Im Einzelnen sprach Steiner zu den Lehrern darüber, welche Bedeutung es habe, den Kindern nach dem Erreichen ihres Selbstgefühls zu einem «gefühlsmäßigen Verständnis für die Pflanzenwelt» zu verhelfen[167], und dabei anschaulich und erlebbar zu machen, dass jede Pflanze zum Erdorganismus als Ganzem gehört, zu jener «lebendigen Erde, aus der die Pflanzen herauswachsen»[168].

«Die Pflanze in diesem Lebensalter als ein abgesondertes, von der Erde ausgerissenes Wesen an das Kind heranzubringen, ist eigentlich etwas Schreckliches.»[169] Es gehe vielmehr darum, dem Kind die Verbindung der einzelnen Pflanze zum gesamten Erdorganismus zum Erlebnis werden zu lassen, d. h., anstelle der analytischen Sonderung eines einzelnen, sterblichen Pflanzenwesens («der arme Baum …») den Sinn für jene «Realität» zu erwecken, der die einzelne Pflanze in übergeordneter Weise angehört. Vor Lehrern sagte Rudolf Steiner im englischen Torquai im August 1924:

> […] Wenn Sie das dem Kinde beibringen, was Sie aus der Botanisiertrommel herausnehmen und es benennen lassen, so bringen Sie ihm eine Unwirklichkeit bei. Das hat Folgen für das Leben; denn das Kind wird niemals von der Pflanzenkunde aus, die Sie ihm so beibringen, ein Verständnis dafür gewinnen, wie man zum Beispiel den Acker behandeln muss, wie man ihn lebendig machen muss mit dem Dünger. Ein Verständnis dafür, wie man den Acker behandeln soll, bekommt das Kind nur, wenn es weiß, wie der Acker mit der Pflanze zusammenhängt. Weil die Menschen in unserer Zeit mehr und mehr keinen Sinn für Realität mehr haben […], deshalb betrachten sie alles für sich, alles gesondert. […]
> Will man erkennen, wie die Erde mit der Pflanze zusammengehört, dann muss man wissen, in welche Art von Erde eine Pflanze hineingehört. Und wie man diese Erde noch düngen muss, das kann man nur dadurch wirklich erkennen, dass man Erde und Pflanzenwelt als eine Einheit betrachtet, dass man wirklich die Erde wie einen Organismus anschaut und die Pflanze als etwas, was innerhalb dieses Organismus wächst.

> Dadurch aber bekommt das Kind von vornherein das Gefühl, auf einem lebendigen Boden zu stehen. Dies hat für das Leben eine große Bedeutung.[170]

Auf diese Weise (die Rudolf Steiner in verschiedenen pädagogischen Vorträgen in allen Einzelheiten ausführte) wird dem Kind ermöglicht, nach der Zäsur oder dem Umbruch des sich verselbstständigenden Ich-Gefühls eine neue Rück-Verbindung mit der Welt in Liebe und Bewusstsein schrittweise aufbauen zu können. Das solchermaßen in Pflanzen- und Bodenkunde unterrichtete Kind hat trotz der andrängenden Impressionen der Zeitlichkeit und Endlichkeit das Gefühl, «auf einem lebendigen Boden zu stehen», in einer Weise der «*belebenden* Erziehung», deren Relevanz für das zweite Lebensjahrsiebt Rudolf Steiner mit Nachdruck hervorhob. («Belebe den Menschen, denn dir ist der Ätherleib übergeben!»[171])

Ebenso wie der Bezug der einzelnen Pflanzengattung oder «-individualität» zur Gesamtheit der lebendigen Erde unterrichtend herausgearbeitet werden muss, plädierte Steiner didaktisch dafür, die Tierwelt in ihrer Orientierung auf den Menschen zur Darstellung zu bringen, und dies in morphologischer wie seelischer Weise. In Torquai sagte er diesbezüglich in einer ausführlichen Schilderung:

> Wenn wir die verschiedenen Tiere, die auf der Erde leben, zunächst ihren seelischen Eigenschaften nach betrachten, finden wir grausame Raubtiere, wir finden sanfte Lämmer und auch tapfere Tiere. Zum Beispiel unter den Vögeln sind manche ganz tapfere Streiter; auch unter den Säugetieren haben wir tapfere Tiere. Dann finden wir majestätische Tiere, wie die Löwen. Wir finden die mannigfaltigsten seelischen Eigenschaften. Und wir sagen uns bei jeder einzelnen Tierart, diese Tierart sei dadurch charakterisiert, dass sie diese oder jene Eigenschaft hat. Wir nennen den Tiger grausam, und die Grausam-

keit ist seine beträchtlichste, bedeutendste Eigenschaft. Wir nennen das Schaf geduldig. Geduld ist seine beträchtlichste Eigenschaft. Wir nennen den Esel träge, weil er, wenn er auch nicht in Wirklichkeit so furchtbar träge ist, ein gewisses Gebaren hat, das stark an die Trägheit erinnert. Namentlich ist der Esel träge im Verändern seiner Lebenslage. Wenn er es gerade in seiner Laune hat, langsam zu gehen, kann man ihn nicht dazu bringen, dass er schnell geht. Und so hat jedes Tier seine besonderen Eigenschaften.

Beim Menschen aber können wir nicht so denken. Wir können nicht denken, dass der eine Mensch zahm, geduldig, der andere grausam, der dritte tapfer ist. Wir würden es einseitig finden, wenn die Menschen so über die Erde verteilt wären. Sie haben schon auch in gewissem Sinne solche Eigenschaften in Einseitigkeit ausgebildet, aber doch nicht in solchem Maße wie die Tiere. Wir finden viel mehr gerade beim Menschen – und namentlich, wenn wir den Menschen erziehen wollen –, dass wir ihm zum Beispiel gewissen Dingen und Tatsachen des Lebens gegenüber Geduld beibringen sollen, anderen Dingen und Lebenstatsachen gegenüber Tapferkeit, anderen Dingen und Lebenslagen gegenüber vielleicht irgendwie sogar etwas Grausamkeit, obwohl das in homöopathischer Dosis an die Menschen heranzubringen ist. Gewissen Dingen gegenüber wird der Mensch einfach durch seine natürliche Entwickelung auch Grausamkeiten zeigen und so weiter.

Aber wie ist es denn da eigentlich, wenn wir diese seelischen Eigenschaften beim Menschen und bei den tierischen Wesen betrachten? Beim Menschen finden wir, dass er eigentlich alle Eigenschaften haben kann, wenigstens die alle Tiere zusammen haben. Diese haben sie einzeln für sich; der Mensch hat immer ein bisschen von allem. Er ist nicht so majestätisch wie der Löwe, aber er hat etwas von Majestät. Er ist nicht so grausam wie der Tiger, aber er hat etwas von Grausamkeit. Er ist nicht so geduldig wie das Schaf, aber er hat etwas von Geduld. Er ist nicht so träge wie der Esel – wenigstens nicht alle Menschen –, aber er hat etwas von dieser Trägheit an sich. Das haben alle Menschen. Man kann sagen, wenn man die Sache ganz richtig betrachtet: Der Mensch hat in sich Löwen-Natur, Schaf-Natur, Tiger-Natur, Esel-Natur. Alles hat er in sich. Nur ist alles in sich harmonisiert. Alles schleift sich an dem anderen ab. Der Mensch ist der harmonische Zusammenfluss oder, wenn man es gelehrter ausdrücken will, die Synthese von all den verschiedenen seelischen Eigenschaften, die das Tier hat. Und gerade dann ist das Rechte beim Menschen erzielt, wenn er in seine Gesamtwesenheit die gehörige Dosis Löwenheit, Schafheit, die gehörige Dosis Tigerheit, die gehörige Dosis Eselheit und so weiter richtig einführt, wenn das alles in rechtem Maße in den Menschen eingetaucht ist und mit allem anderen in dem richtigen Verhältnis steht.

Schon ein altes griechisches Sprichwort sagt sehr schön: «Tapferkeit, wenn sie sich eint mit Klugheit, bringt dir Segen. Wandelt die Tapferkeit jedoch allein, folget Verderben ihr nach.» Wenn der Mensch nur tapfer wäre, wie manche Vögel, die fortwährend streiten, nur tapfer sind, so würde er nicht viel Segensreiches im Leben für sich anrichten. Aber wenn die Tapferkeit so ausgebildet ist beim Menschen, dass sie sich mit der Klugheit vereinigt, so wie wie-

> derum gewisse Tiere nur klug sind, dann ist es beim Menschen das Rechte.
> Beim Menschen handelt es sich also darum, dass eine synthetische Einheit, eine Harmonisierung all desjenigen, was im Tierreiche ausgebreitet ist, vorhanden ist. [...] Das Tierreich ist ein ausgebreiteter Mensch, und der Mensch ist ein zusammengezogenes Tierreich; alle Tiere sind synthetisch vereint durch den Menschen. Der ganze Mensch analysiert, ist das ganze Tierreich. [...] Auch in Bezug auf seine [...] Organe kann man überall finden, dass der Mensch auch in der äußeren Gestalt gemildert, harmonisiert hat das, was auf die übrigen Tiere ausgebreitet ist. [...] Alles, was im Tierreiche zu finden ist, auch an Gestalt, [ist] im Menschenreiche vorhanden. Auf diese Weise findet der Mensch sein Verhältnis zum Tierreich. Er lernt erkennen, wie die Tiere alle zusammen ein Mensch sind.[172]

In dieser Unterrichtsgestaltung und -zentrierung können dem Kind nach seiner Ablösung von der Welt, dem Verlust seiner natürlichen Welt-Immanenz, die Naturreiche erneut nahe gebracht werden – als zur lebendigen Erde bzw. zur Menschheit gehörend, was weitreichende Folgen für sein Selbstverständnis und Weltgefühl hat:

> Wenn man in konkreter Einzelausführung innerlich verlebendigt in dieser Weise Tierkunde, Pflanzenkunde belebt, dann nimmt man zugleich Rücksicht auf dasjenige, wie der Mensch sich durch seine innere Wesenheit hineinstellen soll in die Welt. Dann wächst der Mensch in der richtigen Weise in die Welt hinein in dem Lebensalter, in dem er sich gerade von dieser Welt anfängt unterscheiden zu lernen, indem er Subjekt vom Objekt zu sondern be-

> ginnt. Man bringt es auf diese Weise dahin, die Welt in der richtigen Weise durch die Betrachtung der Pflanzenwelt vom Menschen abzusondern, und wiederum vom Menschen aus die Brücke nach der Welt zu schlagen; jene Brücke, die da sein muss, wenn überhaupt richtiges Gefühl für die Welt, Liebe für die Welt sich entwickeln soll.[173]
>
> Dann steht der Mensch in der richtigen Weise auf dem Erdboden darauf, und dann stellt er sich in der richtigen Weise zur Welt. Das muss man durch den ganzen Unterricht erreichen. Das ist wichtig, das ist wesentlich.[174]

Es gehe darum, so Steiner, dem Kind einen gefühlsmäßigen Eindruck «von der Wichtigkeit des Menschen innerhalb der ganzen Weltenordnung» zu verschaffen[175] – nicht im Sinne einer selbstüberheblichen Hybris, sondern in Richtung einer (ökologischen wie geistigen) Annäherung an die Stellung des Menschen im Kosmos, seiner Eigenart und Aufgabe, deren Willensdimension ab dem Jugendalter in den Bereich des inneren Erlebens treten kann.

*

Nicht nur den Naturkunde-Unterricht, sondern auch den Lehrplan der Sprachkunde und Grammatik (deren Bedeutung für die altersgemäße Ich-Bewusstseins-Entwicklung er detailliert herausarbeitete[176]), der Religion[177] und aller übrigen Fächer entwickelte Rudolf Steiner in methodischer Weise – in konsequenter Orientierung an den besonderen Aufgaben und Herausforderungen des Lebensalters sowie dem generellen Ziel der Waldorfschule, die *«Lebenskraft»* der Kinder zu fördern[178]. Über den Geschichtsunterricht in der Mitte der Kindheit sagte er in einer exemplarischen Ausführung:

Geschichte einem Kinde vor dem 9., 10. Lebensjahre beibringen zu wollen, ist ein ganz unsinniges Unternehmen; denn das Kind hat gar nicht den Weg zum geschichtlichen Werden. Erst mit dem 9., 10. Jahre beginnt es – beobachten Sie es nur –, für die einzelnen Menschen sich zu interessieren. Wenn Sie so den *Cäsar*, so einen *Achill*, einen *Hektor*, *Agamemnon* oder *Alkibiades* als geschlossene Persönlichkeiten hinstellen und das übrige Geschichtliche nur als Hintergrund auftreten lassen, indem Sie das Ganze so malen, dann hat das Kind das allergrößte Interesse daran. Sogar der Trieb macht sich geltend, immer mehr in dieser Art zu wissen. Das Kind bekommt den Drang, sich in das Biographische der geschichtlichen Persönlichkeiten hineinzuleben, wenn Sie in dieser Weise schildern. Geschlossene Bilder von Persönlichkeiten; geschlossene Bilder, wie eine Mahlzeit in einem bestimmten Jahrhundert ausgesehen hat und wie sie in einem andern Jahrhundert ausgesehen hat; plastisch hinmalen, wie die Leute gegessen haben, als es noch keine Gabeln gegeben hat; plastisch hinmalen, wie man im alten Rom gegessen hat; plastisch hinmalen, wie ein Grieche gegangen ist, der sich bei jedem Schritt bewusst war, was das Bein als Form ist, der die Form fühlte; schildern, wie die Menschen des Alten Testamentes, des hebräischen Volkes, gegangen sind, die gar kein Formgefühl hatten, sondern die die Arme und Beine schlenkern ließen; Gefühle hervorrufen für diese Einzelheiten, die man ins Bild bringen kann: das gibt den Geschichtsunterricht für das 10. bis 12. Lebensjahr.

Dann geht man über in die geschichtlichen Zusammenhänge; denn dann erst wird das Kind empfäng-

> lich für den Ursachen- und Wirkungenbegriff. Dann kann man erst zusammenhängende Geschichte darstellen.[179]

Erst mit dem erwachten «Selbstgefühl», dem anfänglichen Gewahrwerden eines seelischen Innenraums und der eigenen Lebens-Geschichte, vermag das Kind ab dem neunten oder zehnten Jahr, «für die einzelnen [geschichtlichen wie aktuellen] Menschen sich zu interessieren», d. h., sie in ihrem Eigen-Sein als geschichtlich handelnde Individualität zu erfassen. Am Selbsterlebnis, das in der physiologischen wie psychologischen Krise des ca. neunten Lebensjahres erwacht und mit der Ausbildung des Rhythmischen Systems verbunden ist, entsteht die Gefühls-Möglichkeit der Ich-Gewahrung im Anderen. Das beginnende Verhältnis zur (eigenen) Lebens-Geschichte schafft die aufkeimende Möglichkeit zum Verständnis der (allgemeinen) Welt-Geschichte in personalisierter Weise – anhand einzelner, geschichtlich handelnder Individualitäten. Wie der Naturkunde-Unterricht ab dem neunten oder zehnten Jahr dem Kind dabei helfen soll, sich in neuer und bewusster Weise in seiner natürlichen Umwelt beheimaten zu können, so ermöglicht der Geschichtsunterricht anhand biographischer und kultureller *(lebensweltlicher)* Schilderungen die Stiftung eines wesentlichen Zeit-Bezuges, der das einzelne Leben übergreift und diesem gestattet, sich in einem größeren, menschlich-menschheitlichen Zusammenhang sehen zu lernen. Das Fach der Geschichte wird auf diese Weise bildend, «Menschen-bildend»; es eröffnet im Akt versuchter Einfühlung in historische Werde-Prozesse Vor-Bilder und Weisen gelingenden (oder misslingenden) Daseins und ermöglicht Orientierung. Es liefert nicht lediglich historisches «Wissen» (als abprüfbarer Lehrplan-Fragekatalog), sondern trägt Wichtiges zur inneren Identitätssuche und -stabilisierung bei. *«Wir dürfen überhaupt nicht mehr daran denken, dass Lehrfächer da sind, damit ‹Lehrfächer› gelehrt werden; sondern wir müssen uns klar sein: Im Menschen vom 7. bis 14. Jahre müssen entwickelt werden in der richtigen Weise Denken, Fühlen und Wollen. Geographie, Rechnen, alles muss so verwendet werden, dass in der richtigen Weise Denken, Fühlen, Wollen entwickelt werden.»*[180]

*

Trotz der großen Bedeutung, die Rudolf Steiner damit den – altersbezogen entwickelten, in sich differenzierten – Lehrmethoden und -inhalten der Waldorfschule zusprach, ließ er doch nie einen Zweifel daran, dass die *Persönlichkeit* des Unterrichtenden und seine *Beziehung* zum Kind dabei von entscheidendem Gewicht sind. Die Unterrichtsweisen und -themen der Schule wirken nicht als solche, sondern in Gestalt von Menschen und den von ihnen eingegangenen Beziehungen. Ein wirksames «System der Waldorfpädagogik», losgelöst von der Person des Pädagogen, existiert nicht – und gerade für die Bewältigung der «stillen» Krise des neunten / zehnten Lebensjahres betonte Rudolf Steiner eindringlich die Bedeutung des Erziehers als Gegenüber: «Es geschieht ein Appell, der nicht in einer Frage, sondern in einer Art von Verhalten liegt, an den Lehrer oder Erzieher gerade in diesem Lebenspunkt.»[181]

Von den Lehrern der Waldorfschule erwartete (und verlangte) Rudolf Steiner ganz generell, dass sie eine intensive Beziehung zu den von ihnen pädagogisch geführten Kindern eingehen.[182] Bereits in seiner Ansprache zur Eröffnung der Freien Waldorfschule hatte er am 7.9.1919 in Stuttgart betont: *«[...] Wir brauchen als Erzieher eine Erweckung der lebendigen Menschennatur, die in sich das ganze Kind wieder erlebt, indem sie mit ihm in geistige Beziehung tritt.»*[183] Die Lehrer sollten «im tiefsten Sinne» Menschenerkenntnis anstreben und «mit der Liebe, die aus dieser Gesinnung folgt, an das Kind herantreten», sagte er in einem späteren pädagogischen Kurs.[184] Es gehe um die Gewinnung einer «spirituell-physiologischen Pädagogik und Didaktik»[185], die aus Menschenerkenntnis entsteht und in Liebe mündet. In diesem Zusammenhang müssen Rudolf Steiners detaillierte Ausführungen zur Mitte der Kindheit und zur Krise im neunten / zehnten Lebensjahr gesehen werden –

als intendierte Gewinnung wirklicher Menschenerkenntnis, die eine altersentsprechende «spirituell-physiologische Pädagogik und Didaktik» ermöglicht und den Raum einer adäquaten Beziehungsgestalt eröffnet.

*

Die pädagogische Beziehung zur Lehrerin oder zum Lehrer, so machte Rudolf Steiner in seinen Darstellungen immer wieder deutlich, wird von Seiten des Kindes aktiv *gesucht* – von Anfang der Schulzeit an. Das «nachahmende Leben» des Kindes im ersten Jahrsiebt geht mit dem Zahnwechsel in ein Leben über, «in dem das Kind durch seine natürliche Gesetzmäßigkeit der selbstverständlichen Autorität folgen will.»[186] In einem öffentlichen Vortrag über die «pädagogische Grundlage der Waldorfschule» sagte Rudolf Steiner 1921 in Aarau:

> Diejenigen Kräfte, die hier [im ersten Lebensjahrsiebt] vorzugsweise den ganzen Menschen zum Nachahmer machen, die ihn bis zu dem Grade zum Nachahmer machen, dass er die leiseste Handbewegung seiner Umgebung nachahmt, die treten mit dem siebenten Lebensjahre, indem sie gleichsam frei werden, als diejenigen Kräfte hervor, die wir eben als Erzieher und Lehrer zu gestalten haben. Und wenn man diesen Gedanken weiter ausbaut, dann sagt man sich: Während das Kind bis zum siebenten Jahre ein Nachahmer ist, ist es durch das schulpflichtige Alter hindurch bis zur Geschlechtsreife darauf angewiesen, dass ihm als selbstverständliche, richtunggebende Macht die Autorität des Lehrenden, des Erziehers gegenübersteht. Das ist dasjenige, um was es sich von dem Zahnwechsel bis zur Geschlechtsreife handelt, dass man gründlich

> versteht, wie allein dieses auf selbstverständliche Autorität zwischen dem Kinde und dem Unterrichtenden und Erziehenden bestehende Verhältnis in der richtigen Weise leiten kann.[187]

Das Verhältnis des Kindes zum Lehrer soll vom Beginn der Schulzeit an kein primär nachahmendes, imitierendes sein, sondern seine Bestimmung immer mehr von der aktiven Zuwendung des Kindes erhalten – in Richtung des Unterrichts. Mit dem zweiten Jahrsiebt tritt das Kind aus den Kräften seines Rhythmischen Systems in neuer und zunehmend bewusster Weise in die Sphäre des Wortes ein; es wird *vernehmend* und ist nicht mehr alleinig darauf angewiesen, das Leben seiner Umgebung handelnd mitzuvollziehen: «Während es […] früher selbstverständlich dasjenige hinnahm, was in seiner Umgebung geschah, das Gute und das Böse, das Wahre und das Irrige, und es nachmachte, hat es vom Zahnwechsel ab die Empfindung, es braucht nicht mehr bloß nachzuahmen, sondern es kann *hören* von seiner Umgebung, was es tun und was es nicht tun soll.»[188] In den zweiten sieben Lebensjahren vom Zahnwechsel bis zur Geschlechtsreife ist das Kind in dieser Weise «ein auf seine menschliche Umgebung *hinhorchendes Wesen*»[189], das sich nach Orientierung und Anleitung durch ein Vorbild sehnt, und dies insbesondere mit Hilfe des Wortes. «Das Wort mit seinem Sinn, das wird nun das Richtunggebende. Einfach durch die Wesenheit des Menschen wird das Wort mit seinem Sinn das Richtunggebende.»[190] «Vorher war das Auge bedacht, nachzuahmen, das Ohr bedacht, nachzuahmen. Nun fängt an das Hinhören des Kindes auf dasjenige, was von den Erwachsenen als Meinung, als Anschauung ausgeht. Es verwandelt sich der Nachahmungstrieb in die Hingabe an die Autorität.»[191]

Noch immer lebt das Kind dabei aus den Kräften der *Hingabe* und des *Vertrauens*. Die Bereitschaft und das Vermögen zur Nachahmung im ersten Jahrsiebt war von diesen Kräften substantiiert, die nun – in metamorphosierter Form – auch in der

Beziehung zum Lehrer auftreten, im vertrauensvollen Aufblick zu ihm, als einer autoritativen Instanz, deren Wort von Gewicht ist und Maßstäbe setzt. An keiner Stelle propagierte Rudolf Steiner das Autoritäts- oder Gehorsamsprinzip als solches – zur Durchsetzung schulischer Führung und Ordnung oder als Vorstufe einer autoritären Gesellschaftsordnung, eines «vormundschaftlichen Staates». Er machte vielmehr mit Nachdruck auf die anthropologische Grundtatsache aufmerksam, dass die Kinder nach dem Zahnwechsel sich nach einem Gegenüber sehnen, dessen Anschauung ihnen viel bedeutet. Steiner sprach von einem «absoluten Hinaufsehen zu dem Erzieher»[192] als einer «freiwillig gewählten» Autorität («freigewählt durch […] Empfindung») in dieser Zeit. Das Kind sucht sich in der Schule die Person des Erziehenden keinesfalls aus; die ihm entgegengebrachte Empfindung aber ist seine eigene Tat und kommt, so Steiner, aus der Tiefe seines Wesens, d. h. aus seinen inneren, altersbezogenen Kräften: *«Es ist ein vollständiges Verkennen der Menschennatur, wenn man nicht zugibt, dass die Sehnsucht, eine Autorität neben sich zu haben, zu den Grundkräften und Grundempfindungen des kindlichen Lebens vom 6., 7. bis zum 14., 15. Lebensjahre gehört.»*[193] Das «autoritative Prinzip» ist das «wesentlichste Erziehungsprinzip», die «wesentlichste erziehende Kraft» im zweiten Lebensjahrsiebt[194], und sollte in der Zukunft immer mehr und mehr Berücksichtigung finden.[195]

Rudolf Steiner hatte nicht nur die «Philosophie der Freiheit» in seinem 33. Lebensjahr veröffentlicht, sondern sein ganzes Leben und Werk auf der Idee der Freiheit im Zeitalter Michaels aufgebaut[196]; den Gewinn der menschlichen Freiheitsfähigkeit, die er als das Vermögen verstand, das eigene Handeln durch Ideen zu motivieren, die vollständig erkannt und bejaht worden sind, erachtete er als ein (oder vielmehr *das*) Ziel der pädagogischen Arbeit als einer realen «Erziehung zur Freiheit». Das Kind als solches aber ist keineswegs «frei»; in seiner Orientierung an der Autorität des Lehrenden gewinnt es vielmehr erst jene (leiblichen, seelischen und geistigen) Grundlagen, die ihm zu einer späteren Zeit – im Jugendalter – die Bildung individueller Urteile und Handlungsvollzüge gestatten. In Den Haag sagte Steiner am 27.2.1921:

> So wie die besondere Artung des Spieltriebes in den Zwanzigerjahren in dem geschickten oder ungeschickten Sich-ins-Leben-Hineinstellen zum Vorschein kommt, so kommt gerade in der Zeit, in der Freiheitsempfindung, Freiheitsgefühl die Grundnuance des sozialen Zusammenlebens sein muss, das richtige Freiheitsgefühl, die richtige Freiheitsempfindung dadurch zustande, dass der richtige Autoritätsglaube ungefähr vom siebenten bis zum fünfzehnten Jahr im Kinde voll zur Entfaltung gekommen ist. Niemand kann im wirklichen Sinne des Wortes später frei werden, der nicht in dieser Weise an Autoritäten sich herangebildet hat; geradesowenig wie jemand zu sozialer Menschenliebe später getrieben werden kann, der nicht durch den Nachahmungstrieb das Anschmiegen an seine Umgebung einmal durchgemacht hat. Wir haben später nicht dieses Anschmiegen, aber wir brauchen soziale Gefühle. Die hängen davon ab, wie der wirkliche Erzieher und Unterrichter in den ersten sieben Lebensjahren vom Kinde sein eigenes Wesen nachahmen lässt. Wir brauchen Menschen, die sich mit einer echten Freiheitsempfindung heute ins Leben hineinstellen sollen. Das sind aber diejenigen, denen man gegenübergestanden hat als Erzieher und Unterrichter vom Zahnwechsel bis zur Geschlechtsreife so, dass man eine selbstverständliche Autorität war.[197]

Der «Sehnsucht» nach einer orientierenden Persönlichkeit, die das Kind in sich trage, solle man pädagogisch «entgegenkommen»[198] – aus dem Fundament einer so gearteten, vom Kinde *gesuchten* und vom Lehrer mit selbstloser Liebe *beantworteten* Beziehung ist die pädagogische Arbeit und Wissensvermittlung möglich. Am Anfang des Unterrichts stand für Rudolf Steiner von daher nicht der zu lehrende Inhalt («das Wort»), sondern die Beziehung zum Kind – als Basis für alles weitere: «Die Tatsache hat eine große Bedeutung im Werden des Menschen, dass dieser werdende Mensch etwas annimmt als seine Gedanken, sich hineinlebt in etwas *aus dem Grund*, weil der verehrte Erwachsene diesen Gedanken hat, diese Empfindung hat – weil ein Zusammenwachsen stattfindet zwischen dem werdenden Menschen und dem erwachsenen Menschen.»[199] Der Erziehende sollte dabei durch sein eigenes Sein, seine Persönlichkeit, seine «Menschlichkeit»[200] – und nicht durch Strenge oder Strafe – dem aufblickenden Vertrauen und Verehrungsgefühl des Kindes entgegenkommen («auf eine selbstverständliche Weise durch dasjenige, was wir sind»[201]), und ihm solchermaßen zum «Tor zur Welt» werden[202], zu ihrem Vermittler und «Repräsentanten»[203]. *Durch* den Lehrer tritt der weltliche Wissensinhalt (in Naturkunde, Mathematik, Geographie und Geschichte, Sprache, Kunst und Religion) an das Kind heran; der Lehrer (oder die Lehrerin) «repräsentiert» dem Kind das Wissen der Welt und damit «die Welt» – wobei Rudolf Steiner betonte, dass keineswegs der gesamte Wissensinhalt, der in den Jahren nach der Einschulung an das Kind herantritt, von diesem in allen Einzelheiten «verstanden» und nachvollzogen werden muss. Es gehe durchaus darum, dass manches einfach durch das Vertrauen auf den geliebten Lehrer angehört und verinnerlicht werde («durch Liebe in die Seele aufgenommen, durch jene Liebe, welche das wichtigste Erziehungsprinzip ist»[204]), um erst im späteren Leben in seiner ganzen Relevanz erkannt zu werden, ein Erziehungsprinzip und Vorgehen, das Steiner – entgegen den Vorgaben eines akzentuiert kognitiv-«mündigen», kritischen Zeitalters – überaus wichtig war und von ihm in seiner gesamtanthropologischen Bedeutung wiederholt hervorgehoben wurde. («Es ist außerordentlich bedeutsam, dass im Leben des Menschen solche Momente eintreten, wo man sich im 30., 40. Jahre sagt: Jetzt verstehe ich etwas, was ich damals im 8. oder 9. Jahre oder sogar noch früher in mich auf Autorität hin aufgenommen habe. – *Das belebt.*»[205])

*

Auch im Hinblick auf die Moralentwicklung im zweiten Lebensjahrsiebt akzentuierte Rudolf Steiner die Bedeutung des Erziehenden und Unterrichtenden in entschiedener Weise; nicht jedoch im Hinblick auf seine «Lehre», seine «Gebote» und «Verbote», Maximen und Reflektionen, sondern bezogen auf das, was durch ihn, seine Persönlichkeit und seinen Unterricht, an Sympathien und Antipathien in dem Kind geweckt wird: «Das Kind muss aus seinem instinktiven Leben heraus einfach durch die Empfindung, die es dem Lehrenden, Erziehenden entgegenbringt, die Welt empfangen in seinen Sympathien und Antipathien, die sich ausbilden zu dem: Das ist gut, das ist böse. Es muss die Welt empfangen *durch den Menschen*. Und wohl dem Kinde, das durch Vermittlung des menschlichen Wesens im Erziehenden, im Unterrichtenden selber zunächst sein eigenes Verhältnis zur Welt bilden kann.»[206] Dabei gewichtete Rudolf Steiner die Bedeutung der Ästhetik hoch. In der Ausbildung des Rhythmischen Systems, in der Auffindung seiner Balance und Harmonie, entfaltet sich im zweiten Lebensjahrsiebt auch der «innerliche Schönheitssinn» des Kindes.[207] Mit ihm, so Steiner, solle der Unterrichtende arbeiten – nicht in der Vorspiegelung einer «heilen», von allen Abgründen verschonten Welt, aber in der Orientierung an den Kräften der Mitte und des Ausgleichs. Mit dem Herausfallen aus der nachgeahmten Wahrnehmungswelt – der Abnahme der Nachahmungskräfte und dem Rückgang des «Nachahmungssinnes» – ist es notwendig, dem Kind dabei behilflich zu sein, in die Sphäre der «*schönen* Nachbildung» der Außenwelt hineinwachsen zu können.[208] Im Vollzug dieser Ausbildung und Aktualisierung des «Schönheitssinnes» im künstlerisch aufgebauten Unterricht ist es dann auch möglich, den «inneren ästhetischen Sinn des Wohlgefallens und des Missfallens auch für das Moralische» zu entwickeln. – «Wir müssen zunächst für das Moralische dahin wirken, dass wir nicht gebieten das Moralische und verbieten das Unmoralische […], sondern dass wir bei dem Kinde zwischen dem Zahnwechsel und der Geschlechtsreife im *Gefühle*, nicht in den Willensimpulsen, das Erleben des Guten und des Bösen entwickeln. Das Gute muss uns innerlich gefallen. Wir müssen Liebe, Sympathie für das Gute entwickeln, bevor wir es [im späteren Jugendalter] als verpflichtend für den Willen entwickeln. Was moralisch für den Willen sein soll, das muss erst herauswachsen aus dem, was moralisch für das Gefühl Wohlgefallen oder Verabscheuen war.»[209] «Das Gute *gefällt* dem Kinde, wenn wir es in der richtigen Weise durch unsere ganze Persönlichkeit im Beispiel an das Kind heranbringen.»[210] Rudolf Steiner bezeichnete das Kind des zweiten Lebensjahrsiebtes als einen «Ästhetiker»[211]. Es findet unter geeigneten Bedingungen zu einer ausgeprägten inneren Harmonie in der Musikalität seines Rhythmischen Systems und hat mit ihm ein Organ für die Wahrnehmung des Schönen und Stimmigen (bzw. Hässlichen und Falschen) in seiner Umwelt – die sich, bei geeigneter Unterrichtung, bis zu dem skizzierten «Wohlgefallen» am Guten und einem «Missfallen» am Bösen in ästhetisch-moralischer Hinsicht weiterentwickeln kann. Nicht das Nachdenken über Moralität und das diskursive Bewegen guten oder schlechten Verhaltens sind in der Mitte der Kindheit gefordert, sondern die Ausbildung eines stimmigen (in sich gestimmten) Selbst- und Welt-Organs – «im ästhetischen Empfinden liegt der Keim, aus dem das Intellektuelle sich entfalten soll».[212]

All dies vollzieht sich am Beispiel oder Vorbild des Unterrichtenden («So erlebt das Kind *am Erzieher* die Welt, die Welt in ihrer

Güte, die Welt in ihrem Bösen, die Welt in ihrer Schönheit, die Welt in ihrer Hässlichkeit, in ihrer Wahrheit, in ihrer Lüge.»[213]) – und geht direkt in das Rhythmische System ein:

> Derjenige Mensch, der im kindlichen Alter im Gefühl sympathisieren gelernt hat mit dem Guten, antipathisieren gelernt hat gegenüber dem Bösen, und der aus dem Gefühl heraus den Enthusiasmus für das Gute, die Fliehekraft für das Böse erhalten hat, bei dem ist in dem ganzen rhythmischen Organismus der Sinn für das Gute, der Nichtsinn für das Böse eingezogen. Er fühlt später, wie er förmlich unter dem Einfluss des Bösen nicht atmen kann, wie es ihm den Atem verschlägt, wie sein rhythmisches System in Unordnung kommt.[214]

Der Lehrer, so Rudolf Steiner, könne und solle für das Kind im zweiten Jahrsiebt nicht nur ein «Tor zur Welt» und ein «Repräsentant der Welt» werden, sondern auch des «Guten, Wahren und Schönen» in ihr: «[…] Sie können gar nicht erziehend, unterrichtend, mit Kindern in diesem Lebensalter arbeiten, wenn Sie nicht die selbstverständliche Autorität sind, wenn das Kind nicht das Gefühl hat, es ist wahr, weil Sie es für wahr halten, etwas ist schön, weil Sie es schön finden und es bemerklich machen, etwas ist gut, weil Sie es für gut halten. Wir müssen für das Kind der Repräsentant sein für das Gute, Wahre und Schöne. Das Kind muss an Wahrheit, Güte und Schönheit herangezogen werden, weil es an Sie herangezogen wird.»[215] Der Lehrer ist in seinem Sein und seiner Moralität Vorbild – zugleich kann er in seinem Unterricht Bilder gelingenden Lebens entwickeln, die vom «Wahren, Guten und Schönen» handeln und innere Maßstäbe vermitteln. In einer prinzipiellen Ausführung über die Moralentwicklung des Kindes und die Bedeutung des Unterrichts sagte Rudolf Steiner am 19. August 1922 vor Lehrern im englischen Oxford:

Nicht darum handelt es sich, moralische Urteile zu überliefern, sondern darum, die Keime zum Bilden von eigenen Moralkräften zu pflegen. Das moralische Urteil soll man dem Kinde nicht einimpfen. Man soll es so vorbereiten, dass das Kind, wenn es mit der Geschlechtsreife zur vollen Urteilsfähigkeit erwacht, an der Beobachtung des Lebens sich selber das moralische Urteil bilden kann. Das erreicht man am wenigsten, wenn man das fertige Gebot dem Kinde übermittelt. Man erreicht es aber, wenn man durch das Vorbild oder das Vor-Augen-Stellen von Vorbildern wirkt. Man gebe dem Kinde durch die Schilderung solcher Menschen, die gut gewesen sind oder gut sind, oder durch phantasiegemäß ausgestaltete gute Menschen Bilder für das Gute. Dadurch lebt im Kinde das rhythmische System in seiner Erfassung des Guten mit. Das Kind erlebt im Auf- und Abwogen von Gefühlen, die in feiner Weise in dem rhythmischen System fortvibrieren. Und dadurch, dass das rhythmische System in dieser Lebensepoche beim Kinde besonders wirksam ist, kann sich entwickeln das Gefallen oder Missfallen über das Gute und Böse. Es wird nicht an den Intellekt appelliert, sondern an die Sympathie mit dem Guten, das im Bilde dem Kinde vor die Seele tritt, und an die Antipathie gegenüber dem Bösen. Dadurch wird die Seele so vorbereitet, dass das Gefühlsurteil später zum intellektuellen Urteil im rechten Alter ausreifen kann. Nicht auf die Vermittlung des «Du sollst» kommt es an, sondern darauf, dass man in dem Kinde ein ästhetisches Urteil hervorruft, so dass ihm das Gute gefällt, es mit ihm Sympathie hat, und dass es Missfallen, Antipathie gegenüber dem Bösen hat, wenn sein Empfinden den moralischen Tatsachen gegenübersteht.[216]

Die «Liebe zum Lehrer», die Sympathie-getragene Beziehung, charakterisierte Rudolf Steiner in dieser Weise als die Grundvoraussetzung und das *«Vehikel»* für die Verinnerlichung der einzelnen Lerninhalte und -ziele[217], und setzte sich in seinen Begegnungen mit Lehrern und Schülern intensiv dafür ein, dass diese Qualität der pädagogischen Beziehung im Verlauf des zweiten Lebensjahrsiebtes veranlagt wird und auftretende Krisen übersteht. («... wir müssen mit aller Kraft unserer Seele in der pädagogischen Kunst darauf hinarbeiten, dass wir dem Kinde von seinem Zahnwechsel bis zur Geschlechtsreife die berechtigte Autorität erhalten.»[218])

Die Ausbildung dieser tragenden Lehrerbeziehung für die Erziehung im zweiten Lebensjahrsiebt – aber auch (in veränderter Form) für die Pubertäts- und Adoleszenzzeit[219] – gelingt nicht unmittelbar nach Schuleintritt, sondern im Prozess der ersten Schuljahre. In ihnen muss sich der Übergang vom Nachahmungsprinzip der vorausgegangenen Entwicklungsepoche zu der nun wichtig werdenden Orientierung an der Lehrerpersönlichkeit vollziehen, ihrem Sein und ihrem Wort, das den Unterricht gestaltet und in zunehmend *bewusster* Weise angenommen wird: «Wenn man das Kind in die Schule hereinbekommt, dann wirkt noch etwas nach die frühere leiblich-religiöse Stimmung [...], dann wirkt noch nach die Sehnsucht, alles, was in der Umgebung vor sich geht, wahrzunehmen, und es verbindet sich dann dieses Wahrnehmen, welches in Nachahmung übergeht, mit dem Hinhorchen auf das, wie von der selbstverständlichen Lehrer- und Erzieherautorität auf das Kind gewirkt wird.»[220] Es gehe, so Rudolf Steiner, um die «Umwandlung des Nachahmungstriebes in die Aneignungsfähigkeit auf Grund selbstverständlichen Autoritätsverhältnisses»[221]. Das Kind neige nach dem Zahnwechsel bereits zu einem «Autoritätsgefühl», dennoch bleibe in ihm noch für einige Zeit die «Sehnsucht» vorhanden, den Nachahmungsvorgang fortzuführen («so dass sich [...] im Kinde fortwährend der Drang vermischt, seine Umgebung nachzuahmen und schon die Autorität auf sich wirken zu lassen.»[222]) Diese Übergangssituation bzw. das zu erzielende «Durchwirken» des Nachahmungsprinzips mit dem Autoritätsprinzip[223] machte Rudolf Steiner für die ersten zwei (bis drei) Schuljahre, bis zum ca. *neunten Lebensjahr* des Kindes geltend.[224] – «Indem das Kind die Schule betritt, sehen wir so ungefähr bis zum neunten Lebensjahre – die Dinge sind alle approximativ selbstverständlich – noch die Nachwirkung des Nachahmungstriebes neben dem schon hereinbrechenden Sich-Hingeben an die Autorität. Und wenn wir das Zusammenwirken dieser beiden Grundkräfte im werdenden Menschen richtig beobachten können, dann ist das lebensvolle Ergebnis dieser Beobachtung die richtige Grundlage sowohl für die Lehrmethode wie für den Lehrplan.»[225] Auch für das notwendige «Zusammenwirken dieser beiden Grundkräfte» und den gelingenden Übergang in das «hinhorchende» Verhältnis zur Lehrerpersönlichkeit beschrieb Rudolf Steiner die Bedeutung der *künstlerischen* Erziehung:

> Wenn wir künstlerisch an das Kind herankommen, da können wir am besten dieses Ineinanderwirken von Autoritäts-Prinzip und Nachahmungs-Prinzip berücksichtigen. Denn in dem Künstlerischen liegt etwas von der Nachahmung; in dem Künstlerischen liegt aber auch etwas, was unmittelbar von dem subjektiven Menschen zu dem subjektiven Menschen geht. Denn dasjenige, was künstlerisch wirken soll, muss durch die Subjektivität des Menschen durchgehen. Wir stehen ganz anders als Menschen mit unserer inneren Wesenheit dem Kinde gegenüber, wenn dasjenige, was wir ihm beibringen, zuerst eine künstlerische Gestalt gewinnt. Dadurch gießen wir von uns selbst substantiell etwas hinein, was als selbstverständliche Autorität erscheinen muss, was uns nicht als einen bloßen Abdruck erscheinen lässt von konventioneller Kultur und dergleichen, son-

> dern was uns als Mensch menschlich dem Kinde nahebringt. Und unter dem Einfluss dieser künstlerischen Erziehung wird sich ganz von selbst das Hereinleben des Kindes in die selbstverständliche Autorität des Unterrichtenden und Erziehenden ergeben.[226]

Der die Unterrichtsinhalte in das künstlerische Bild verwandelnde Erzieher – der selbst erzählt, die Lerninhalte an der Tafel bildlich gestaltet und in überzeugender Weise *schöpferisch* mit den Inhalten verbunden ist – tritt in seiner Persönlichkeit, seiner «Subjektivität», «Menschlichkeit» (oder Individualität) vor die Kinder. Er unterrichtet keine von ihm abgetrennten «Gegenstände» der äußeren Welt, sondern geht aktiv-kreativ mit den von ihm entwickelten Zusammenhängen um – für die er gegenüber den Kindern verantwortlich ist. Der Gewinn der «selbstverständlichen Autorität» ereignet sich in diesem Prozess – nicht durch Machtansprüche und Sanktionen, sondern in der lebendigen Intensität des Unterrichts.

*

Wenn das Selbst- und Welterleben des Kindes im neunten oder zehnten Jahr umbricht und eine Krise seiner inneren Verfassung eintritt, ist die pädagogische Beziehung zum Unterrichtenden fest etabliert – und zugleich als solche gefragt und herausgefordert, wie Rudolf Steiner wiederholt darstellte. Die *Kontinuität* der Erzieher-Beziehung zu dieser Zeit, die anderen Orts mit dem Übertritt in die «weiterführenden» Schulen abrupt beendet wird, ist in der Waldorfschule von zentraler Bedeutung; in der von Rudolf Schuler konzipierten Form führt der Lehrende durch seinen «Hauptunterricht» die Klasse über acht Jahre bis zum Eintritt in die «Erdenreife», in persönlicher Verbundenheit und Verlässlichkeit, ohne jede Zäsur.[227]

In der Krise des ca. neunten Lebensjahres erfolgt häufig eine gewisse Wendung an den Unterrichtenden und Erziehenden – eine Zuwendung in subtiler Weise und aus der Situation einer inneren Verunsicherung heraus:

> Die Wirklichkeit liegt so [...], dass das Kind in diesem Lebensalter mit irgendeiner Schwierigkeit an den geliebten Lehrer oder die geliebte Lehrerin herankommt. Meistens sogar drückt das Kind gar nicht dasjenige aus, was ihm auf der Seele lastet, sondern etwas ganz anderes. Man muss aber dann wissen, dass das aus dem innersten Untergrunde der Seele kommt. Und da muss man die rechte Antwort, das rechte Verhalten finden. Davon hängt für das ganze Leben des betreffenden Menschen ungeheuer viel ab.[228]

Nicht die inhaltlichen Fragen des Kindes sind in dieser Situation entscheidend – sein eigentliches Anliegen vermag das Kind selten zu verbalisieren, da es als solches nicht konturiert in seinem Bewusstsein lebt. Wichtiger als der Inhalt des ausgedrückten Anliegens (der «Schwierigkeit») ist in den meisten Fällen die Hinwendung als solche: «Was es fragt, das hat, seinem Inhalt nach, zumeist keine große Bedeutung; aber dass es fragt, dass es überhaupt so auftritt, das hat sehr wohl eine Bedeutung ...»[229] In verschiedenen Vorträgen umschrieb Rudolf Steiner Lehrern diese Situation, die es zu bemerken und in der richtigen Weise zu beantworten gilt, durch das Wort und das pädagogische Verhalten. Viele Kinder wenden sich überhaupt nicht an den Lehrer; dennoch gehört es zu seinen wesentlichsten Aufgaben, ihre Lage wahrzunehmen und auf sie in subtiler Weise einzugehen. Auch im Hinblick auf die «Antwort» des Erziehers – auf gestellte und ungestellte Fragen – betonte Steiner, dass nicht deren Gehalt zähle, sondern die in ihr lebende Beziehung und Haltung:

> Das Kind wird unsicher, und wir haben nötig gerade als Lehrer in dem Punkte, wo wir bemerken, dass das auftritt, durch unser Verhalten darauf einzugehen. Durch irgendetwas, es braucht gar nicht etwas Ausgedachtes zu sein, sondern durch eine besondere Liebeentfaltung unserer Tätigkeit, durch eine besondere Berücksichtigung und Zusprache zum Kinde, dadurch, dass wir in diesem Momente in einer ganz besonderen Weise an das Kind herantreten, dass das Kind merkt, der Lehrer hat es ganz besonders lieb, der Lehrer geht auf es ein, dadurch bringen wir das Kind gerade zwischen dem neunten und zehnten Jahre, wenn wir nur überhaupt aufmerksam darauf sind und uns dementsprechend verhalten, über eine Klippe hinweg.[230]

Immer wieder hob Steiner die Relevanz dieser Begegnungs-Situation hervor, die – äußerlich vollkommen unscheinbar – von gesamtbiographischer Bedeutung ist: «Von demjenigen, was wir da [als Lehrer] tun in diesem Krisisaugenblicke, hängt das ganze spätere Leben [des Kindes] ab, ob es lebensfreudig und sicher ist oder ob es fremd und innerlich wie gelähmt ist.»[231] «Es kommt ungeheuer viel darauf an für das ganze Leben, ob der Lehrer sich in richtiger Weise zu dem Kinde zwischen dem neunten und zehnten Jahr zu verhalten weiß.»[232]

Rudolf Steiner meinte dies nicht zwingend oder fatalistisch; er wollte jedoch darauf aufmerksam machen, was eine wirkliche, innere Bestätigung für das verunsicherte Kind von Seiten einer verehrten Erzieher-Persönlichkeit (die das «Tor zur Welt» repräsentiert) in diesem Lebensalter bedeutet. Im misslingenden Fall, so Steiner, bleibe die Unsicherheit des «Krisisaugenblickes» mitunter lebenslang vorhanden. («[...] Ob das Kind ein haltloser Mensch wird oder ob das Kind ein sicher im Leben stehender Mensch ist, das hängt *manchmal* daran, ob der Lehrer die genügend sichere Art findet, in diesem Zeitpunkt sich zu dem Kind zu stellen.»[233]) Die Verunsicherung des Kindes in der Mitte der Kindheit, die sich nach der Unterstützung des Gegenübers sehnt, kann demnach – bei einer misslingenden Begegnung oder Beziehung – anhalten und weiterwirken, oft in tief verborgener Weise, im Charakter, Temperament oder in der körperlich-physischen Gesundheit des Kindes: «Ob ein Mensch in den entscheidenden Augenblicken Lebensfrische haben kann, ob er innere Seelenöde durch das Leben trägt, das hängt in vieler Beziehung – allerdings nicht in jeder – davon ab, wie sich der Lehrer und Erzieher zwischen dem neunten und zehnten und einem halben Jahr zu dem Kinde verhalten hat.»[234] Erneut betonte Steiner in diesem Zusammenhang, dass es nicht um tiefgründige Gespräche mit dem Kind oder um dramatische Interventionen gehe; alles sei vielmehr eine Frage des «seelischen Taktes» in der situativen Vergegenwärtigung der kindlichen Situation und in der Antwort auf sie: «Da handelt es sich manchmal darum, dass man im rechten Augenblick einfach das rechte Wort findet, wenn einem vielleicht ein Junge oder ein Mädchen auf dem Korridor begegnet und etwas fragt, dass man die rechte Miene macht, indem man antwortet. Erziehungskunst ist nicht etwas, was sich abstrakt lernen oder lehren lässt – so wenig wie Malen oder Bildhauern oder irgendeine andere Kunst, sondern sie ist etwas, was auf unendlichen Einzelheiten beruht, die aus seelischem Takt hervorgehen. Dieser seelische Takt wird aber gerade aus der anthroposophischen Geisteswissenschaft heraus gewonnen.»[235] Der «seelische Takt» ist insofern aus der Anthroposophie zu gewinnen, als diese einen methodischen Weg zum Kind, seiner Entwicklungssituation und ihren Bedürfnissen erschließt – in diesem Fall: zur Situation im neunten oder zehnten Lebensjahr, die bei entsprechender Schulung und Aufmerksamkeit bis in die Physiologie hinein ansichtig werden kann. Keinesfalls war Rudolf Steiner der Ansicht, dass Waldorflehrer oder Anthroposophen «per se» über das notwendige Gespür und Feingefühl für das Kind verfügen, um «im rechten Augenblick» das «rechte Wort» oder die «rechte

Miene» zu finden. Auf der anderen Seite wusste er jedoch, dass ein wirkliches Studium der Menschenkunde, verbunden mit einer intensiven Beziehung und Liebe zum Kind, die Voraussetzung dafür bildet, seine Lage konkret verstehen und aus ihr heraus tätig werden zu können – in einer Form der künstlerischen Geistesgegenwart, die den Lehrer in der Waldorfschule kennzeichnen sollte.

*

Im Zusammenhang seiner Schilderungen des Umbruchs im neunten oder zehnten Lebensjahr und den damit einhergehenden pädagogischen Herausforderungen machte Rudolf Steiner jedoch auch deutlich, dass die eintretende seelische Krise des Kindes die Persönlichkeit des Lehrers nicht nur erfordert, sondern auch als solche hinterfragt. Die generelle Verunsicherung des Kindes, die mit den fundamentalen Veränderungen in seinem Selbst- und Welterleben verbunden ist und sich im Zuge der Ausbildung seines Rhythmischen Systems ereignet, macht vor dem Lehrer bzw. der Beziehung zu ihm nicht halt. Diese wird vielmehr in den Vorgang der Labilisierung einbezogen und verliert ihren bisherigen Charakter der Selbstverständlichkeit. Steiner sprach von der «Krisis des autoritativen Prinzipes beim Kinde» in diesem Alter.[236] Die Anlehnung an die Autorität der ersten Schuljahre, die sich aus der Nachahmungsgeste des kleinen Kindes entwickelt hatte, wird, so Steiner, «innerlich etwas erschüttert», d. h., durchläuft aus der Natur des Kindes heraus eine krisenhafte Entwicklung.[237] Gelingt es in dieser Zeit nicht, die Beziehung zum Lehrer aufrechtzuerhalten oder wiederherzustellen, so hat dies Folgen für den Unterricht, aber auch für die Entwicklung des Kindes, insbesondere in moralischer Hinsicht – von einer möglichen «Labilisierung» des moralischen Charakters des Kindes sprach Rudolf Steiner.[238]

Über die Art der «Krisis des autoritativen Prinzipes beim Kinde» in der Mitte der Kindheit, die sich von der Auflehnung des Jugendlichen wesenhaft unterscheidet, sagte er im Einzelnen:

Das Kind individualisiert [in den ersten Schuljahren] nicht gegenüber der Autorität. Es nimmt dasjenige, was autoritativ gegeben wird, als solches hin und hat ein Bedürfnis, sich darnach zu richten. Mit dem vollendeten neunten Jahre tritt bei dem Kinde etwas ganz Besonderes auf. Es will gewissermaßen von diesem Zeitpunkte an die Autorität in einer gewissen Weise begründet haben.
Missverstehen Sie mich nicht. Das Kind stellt nicht etwa verstandesmäßig die Erwägungen an: Ist die Autorität begründet oder nicht? Aber im ganzen Empfindungsleben des Kindes liegt etwas, was so wirken muss, dass sich die Autorität durch ihre eigene Qualität, durch ihr Darinnenstehen im Leben, durch die eigene Sicherheit bewährt.[239]

Bis dahin hat das Kind wenig Gefühl dafür gehabt, ob der Lehrer oder Erzieher ein ungeschickter Kerl ist, der selbst überall da oder dort mal anstößt, der die Kreide fallen lässt, wenn er sie in die Hand bekommt und dergleichen. Es hat wenig Gefühl dafür, so etwas zu bemerken, wie jener Prediger entwickelt hat, der nach jedem Satze sich einmal an die Nase gefasst hat, was seine Gemeinde mit einer Lachhaftigkeit erfüllt hat. Das Kind bemerkt solche Sachen schon auch vor dem vollendeten neunten Lebensjahre, aber es bemerkt sie so, dass sie an seinem Gemüte vorübergehen, dass sie keinen tieferen Eindruck machen. Wer also glauben würde, dass es sie gar nicht bemerkt, der irrt sich. Aber nach dem vollendeten neunten Jahre beginnt das Kind scharf gerade auf solche Dinge zu achten. Es achtet sogar später im zehnten, elften Jahre wieder weniger darauf. Es achtet darauf, und es hüllt sich das nur ein in das gesamte Fragesystem,

> was in diesem Lebenspunkt auf der Seele des Kindes lastet. Diese Fragen brauchen nicht ausgesprochen zu sein, aber sie sind da. Das Kind frägt empfindungsgemäß, ob sich der Lehrer geschickt verhält im Leben, ob der Lehrer vor allen Dingen sicher im Leben drinnensteht, ob der Lehrer weiß, was er will, und es hat vor allen Dingen eine feine Empfindung für die Gesamtseelensituation des Lehrers.
> Ein Skeptiker wirkt ganz anders auf das Kind als ein im richtigen Sinne gläubiger Mensch. Es tönt eben etwas ganz anderes durch die Stimme eines Skeptikers als durch die Stimme eines gläubigen Menschen. Und um solche Dinge kümmert sich das Kind zwischen dem neunten und dem zehnten Lebensjahre. Es ist hier vieles Individuelle, das im Menschenleben liegt, zu berücksichtigen. Ein evangelisch-orthodoxer Lehrer wirkt ganz anders gerade in diesem Lebenspunkte auf das Kind als ein katholisch gestimmter Lehrer, einfach durch die andersartige Seelensituation.[240]

Das Kind «prüft», so Rudolf Steiner, die «Qualität» des Lehrers, seinen Habitus, seinen Stand im Leben und seine «Gesamtseelensituation». Bis dahin war der Lehrer ihm – bei altersgerechter, zivilisatorisch unverzerrter Entwicklung – in selbstverständlicher Weise ein «Tor zur Welt» und in gewisser Weise ihr Vermittler und Vertreter. Nun jedoch wird diese Position erstmals fraglich. Das Kind ist in sich selbst verunsichert und verliert seinen bisherigen Halt, wird zweifelnd und skeptisch – auch gegenüber jener Autorität, deren bis dato stabile Position ins Wanken gerät: «Da prüft die unbewusste Natur des Kindes den Lehrer in einer ganz unerhörten Weise, möchte ich sagen. Sie prüft ihn, ob er nun wirklich die Welt in sich trägt, ob er würdig war, bisher ihm der Repräsentant des ganzen Kosmos zu sein.»[241]

*

Wie alle Veränderungen und Vollzüge dieser Lebensphase ereignet sich die von Steiner beschriebene «Prüfung» des Lehrers (oder der Lehrerin) nicht im kognitiven Bereich, sondern in der halbbewussten Sphäre des Fühlens. Sie geht dabei und darin über die zuvor genannten Aspekte noch weit hinaus – und wird, wie Steiner in anderen Darstellungen ausführte, eine Hinterfragung der Fundamente des Unterrichts bzw. des Unterrichtenden, d. h. der Basis und des Hintergrunds seines Wissens. *«9. Jahr: von der Person des/Lehrers zu dessen/Quelle»*, schrieb Steiner in einer Notizbucheintragung[242] und führte in Vorträgen aus:

> Jetzt, zwischen dem 9. und 10. Jahre, kommt ganz instinktiv im Unterbewussten diese Empfindung über das Kind: Ich habe alles vom Lehrer, vom Erzieher, und woher hat's der? Was steht hinter dem?[243]

> Das kommt beim Kinde nicht ins Bewusstsein herauf, es lebt in unbestimmten Empfindungen und Gefühlen. Das Kind kann es auch nicht aussprechen, aber es ist da. Was sagt sich da das Kind, unbewusst? Vorher sagte es sich, seinen Empfindungen nach: Das ist gut, wovon der Erzieher sagt, es sei gut; das ist böse, wovon er sagt, es sei böse; das ist richtig, wovon der Erzieher sagt, es sei richtig; das ist unrichtig, wovon er sagt, es sei unrichtig; das ist schön, was dem Erzieher gefällt und wovon er sagt, dass es ihm gefällt, und das ist hässlich, was ihm nicht gefällt und wovon er sagt, dass es hässlich ist. – Da ist der Erzieher für das Kind die ganz selbstverständliche Norm. In diesem Zeitpunkte nun, zwischen dem 9. und 10. Lebensjahr, wird das innerlich etwas erschüttert. Das Kind beginnt, sich, dem Gefühle nach, zu fragen: Woher hat es denn der oder die? Wer ist denn für den Erzieher die Autorität? Wo ist denn diese Autorität?[244]

«Ich schaue in den Kosmos durch die Autorität. Ist die Autorität auch die Richtige?», frage sich, so Steiner, «seinem Gefühle nach» das Kind über Wochen und Monate[245], und beginne «wankend» zu werden «in dem Glauben an den guten Menschen»[246]. Dies jedoch nicht in vordergründiger Weise, sondern im Hinblick auf den Stand, die Fundamente und geistigen Bezüge des Lehrers: «Da beginnt nämlich plötzlich, wenn ich mich bildlich ausdrücken darf, dieser Lehrer und Erzieher durchsichtig zu werden. Man will hinter ihm die Welt sehen, die hinter ihm lebt.»[247] Das Kind prüfe in seiner «unbewussten Natur» die wirkliche Eignung des Lehrers zur «Repräsentanz» der Welt, die er bis dahin für das Erleben des Kindes in selbstverständlicher Weise verkörpert hatte. Es muss ihn hinfort als diesen «Repräsentanten» nicht nur akzeptieren, sondern *anerkennen* können, wenn die Entwicklung den richtigen Weg gehen soll. Das Kind will, so Steiner, «dass sich der Lehrende für ein gereiftes Anschauen als die erziehende Autorität bewährt»[248], in einem Vorgang der «Individualisierung» jenes Autoritätsprinzips, dem das Kind bis dahin in selbstverständlich-allgemeingültiger Weise gefolgt war. Es muss in Zukunft, nach dem gelingenden Durchgang durch diese biographische Enge, dem Erziehenden oder Lehrenden in «dankbarer Liebe» folgen können[249], in «gefestigtem» Vertrauen zu ihm (oder ihr) – einer Festigung, die mit einer Stabilisierung im inneren Menschenwesen des Kindes einhergeht. Für das Erreichen dieses Niveaus aber ist das Überwinden der Klippe und die Neugewinnung der pädagogischen Beziehung eine wesentliche Voraussetzung:

> Dasjenige, was das Kind durch seine Wesenheit von uns verlangt, das ist, dass es an uns glauben kann, dass es das instinktive Gefühl haben kann: Da steht einer neben mir, der sagt mir etwas. Er kann es sagen, er steht mit der ganzen Welt so in Verbindung, dass er es sagen kann. Der ist für mich der Vermittler zwischen mir und dem ganzen Kosmos. [...]

> Er [der Lehrer] ist ihm [dem Kind] der Vermittler zwischen der göttlichen Welt und zwischen ihm selber in seiner Ohnmacht.[250]

Einmal sagte Steiner: «In diesem Moment beginnt ein innerlicher Drang beim Kinde, von dem sichtbaren Menschen aus, der bis dahin ein Gott für das Kind ist, durchzubrechen zu dem, was als übersinnlicher oder unsichtbarer Gott oder Göttlichkeit dahintersteht.»[251]

*

In dieser Situation geht es für den Lehrer (oder die Lehrerin) darum, die Anerkennung bzw. das Vertrauen des Kindes in bewussterer Art – in seinem «gereiften Anschauen» – wiederzugewinnen. Auch dieser Vorgang vollzieht sich oft im Unscheinbaren; keinesfalls sei es, so sagte Steiner, die Aufgabe des Lehrenden in der Waldorfschule, seine Autorität – oder vielmehr die «Quellen» derselben – im Einzelnen zu begründen: «Tritt man da in Definitionen oder in Erklärungen ein, so ist es von Schaden. Aber wichtig ist, dass man da ein herzliches seelendurchtränktes Wort findet für das Kind, oder Worte – es dauert ja in der Regel länger, die Schwierigkeiten dauern fort, durch Wochen, Monate –, so dass man über diese Klippe hinüber in dem Kinde die Autorität aufrecht erhält. Das ist die Krisis des autoritativen Prinzips beim Kinde. Ist man dieser gewachsen, weiß man soviel Seele hineinzulegen in die Art, wie man gerade den Schwierigkeiten, die in diesem Lebenspunkte auftreten, begegnet, kommt man dem Kinde mit der nötigen Innerlichkeit, Glaubhaftigkeit und Wahrhaftigkeit entgegen, dass man die Autorität bewahrt, dann ist nicht nur deshalb etwas gewonnen, weil das Kind den Autoritätsglauben gegenüber dem Lehrer behält, was natürlich gut ist für den weiteren Unterricht, sondern es liegt in der Wesenheit des Menschen, dass er gerade in diesem Lebensalter, zwischen dem 9. und 10. Lebensjahre, nicht schwankend werden darf in dem Glauben an den guten Menschen.

Sonst wird alle innere Sicherheit, die im Leben weiterleiten soll, ins Wanken gebracht. Das ist von ungeheurer Bedeutung, und an solche Dinge müssen wir uns halten. Viel wichtiger als alle die kniffligen und kleinen Miniaturdinge, die da in den Pädagogiken vorgeschrieben sind, ist es, so etwas zu wissen, was in einem Zeitpunkte des Lebens auftritt, und wie man sich dem gegenüber verhalten muss, damit dann das richtige Licht von solch einem Verhalten auf das ganze Leben des Kindes ausgestrahlt werde.»[252]

Es gehe darum, so Steiner, dem Kind «mit der nötigen Innerlichkeit, Glaubhaftigkeit und Wahrhaftigkeit» entgegenzutreten; darunter verstand Rudolf Steiner jedoch nicht nur die Beibehaltung der eigenen Natürlichkeit und «Menschlichkeit», sondern eine dezidierte Anstrengung des Erziehenden, aus seinen besten Kräften zu wirken bzw. auf hohem Niveau geistig präsent zu sein. Der Erziehende muss nicht nur mit dem «richtigen Seelengefühl» bzw. dem «richtigen Empfinden» dem Kind gegenübertreten, sondern sich tatsächlich *«bewähren»* – und durch sein eigenes Sein den tieferen Gehalt dessen zum Vorschein bringen, was er seit Schulbeginn unterrichtete. Was für das Kind zählt, ist die innere Verbindung des Lehrenden mit den von ihm gelehrten Inhalten, d. h. die Übereinstimmung von Wort und Person. Die seit Jahren überzeugend vermittelten Weltzusammenhänge werden zu dieser Zeit fraglich, da der Lehrer in seiner Echtheit und spirituellen Kapazität selbst zur Frage wird – für ein unsicher gewordenes Kind, das seine natürliche Selbstverständlichkeit im Umgang mit der Welt verlor. Am 22. Juli 1924 sagte Rudolf Steiner in einem pädagogischen Vortrag im holländischen Arnheim: «Man muss jetzt so dem Kinde gegenübertreten, dass es das Gefühl bekommt: Der hat nach rückwärts, nach dem Übersinnlichen hin, eine Anlehnung; der redet nicht willkürlich aus sich selbst heraus, der ist ein Missionar des Göttlichen. Das muss man dem Kinde bemerklich machen. Aber wie? Durch Dozieren am allerwenigsten. Man kann es nur aussprechen, aber am wenigsten erreicht man durch Dozieren. Aber wenn man an das Kind herankommt, vielleicht auch irgendetwas sagt, was inhaltlich keine besondere Bedeutung hat, wenn man mit dem Kinde etwas spricht, was vielleicht keine Bedeutung hat, aber doch mit einer solchen Stimmlage gesprochen wird, dass es sieht: Der oder die haben ein Herz, und dieses Herz glaubt selbst an das, was dahintersteht – dann kann man etwas erreichen. Dieses Drinnenstehen in der Welt muss man dem Kinde bemerklich machen, richtig bemerklich machen. Das Kind ist schon so verständig, wenn es auch nicht abstrakt-rationalistisch aufnimmt, dass es kommt und fragt: Ach, ich möchte gerne wissen … Mit solchen Fragen kommen nämlich die Kinder in diesem Alter. Sagt man ihm jetzt: Sieh einmal, von der Sonne empfange ich das, was ich dir geben kann; wäre die Sonne nicht, so würde ich dir im Leben nichts geben können; wäre der Mond nicht, der das, was wir von der Sonne bekommen, göttlich bewahrt, während wir schlafen, so könnte ich dir auch nichts geben – so hat das seinem Inhalte nach noch nicht viel Bedeutung; wenn man es aber mit einer solchen Wärme sagt, dass das Kind merkt, man liebt Sonne und Mond, dann führt man das Kind über diese Frage hinüber und für die meisten Fälle für das Leben hinüber.»[253]

Zugleich sprach Rudolf Steiner von einer notwendigen «Steigerung» des Lehrers, die zu diesem Zeitpunkt eintreten bzw. vorhanden sein sollte. Man müsse, so sagte er, «durch neues Verhalten» dem Kind die unmittelbare Empfindungsüberzeugung vermitteln: «Ja, der weiß ja noch viel mehr als man bisher gedacht hat!» Steiner erwartete und forderte von den Waldorfschullehrern damit nicht nur die Gewahrwerdung und aufmerksam-liebevolle Begleitung der kindlichen Krisenverfassung im neunten oder zehnten Lebensjahr, sondern ein konkretes Über-sich-Hinauswachsen – eine Aktualisierung des eigenen Wissens und Könnens bis zu einem Grade, der dem Kind bis dahin noch nicht ansichtig geworden war. Rudolf Steiner ging es dabei nicht um «Effekte» oder Demonstrationen, wohl aber um die aufmerksame Durchbrechung des Bisherigen im persönlichen Kontakt, um die Überwindung des Alten und der Routine, die auch im Alltag des Unterrichtenden einkehrt. Geht der Lehrende auf die Krise des Kindes (oder der Kinder) in diesem Altersabschnitt bewusst zu, so kann er diese Zeit pädagogisch gestalten und dem Kind Wesentliches geben, das es überrascht und in seiner Zuwendung bestätigt:

> Wenn das Kind weiß: Der Lehrer kann sich steigern, er hat ihm bisher noch gar nicht alle Seiten gezeigt, er hat sich bisher nicht ausgegeben, jetzt sagt er vielleicht ganz vertraulich zu dem Kinde etwas, wovon das Kind überrascht ist, so dass das Kind es wieder unbewusst empfindet, aufhorcht auf das Neue, das es von dem Lehrer erfahren hat – dann ist jetzt das richtige Verhältnis hergestellt. Also man muss sich etwas bewahren, vor allen Dingen auch für diesen Zeitpunkt bewahren können, wodurch man sich als Lehrer dem Kinde gegenüber steigern kann. Denn das ist die Lösung eines wichtigen Lebensrätsels in diesem Lebenspunkte, dass man sich für das Kind, für die Wahrnehmung des Kindes steigern kann, dass man plötzlich über sich hinauswächst. Das ist der Trost und die Kraft, die man dem Kinde in diesem Punkte geben muss, weil es schon mit diesem Ansinnen herankommt an den Lehrer, zu dem es die nötige Sympathie und Liebe entwickelt hat. Die anderen Lehrer, die werden eben die bittere Erfahrung machen, dass die Autorität nach und nach, wenn das Kind zwischen dem 9. und 10. Lebensjahr steht, ausraucht, verduftet; dass sie dann nicht mehr da ist.[254]

*

Mitunter deutete Rudolf Steiner in seinen pädagogisch-anthropologischen Ausführungen zum Kind in der Mitte der Kindheit an, dass gegebenenfalls auch andere Beziehungen als diejenigen zu den primär Lehrenden und Erziehenden in dieser Umbruchszeit von tragender Bedeutung sein oder werden können: «Es handelt sich in diesem Zeitpunkte darum, dass das Kind *irgendjemanden* findet – ob das eine Person oder mehrere sind, ist von einer geringeren Bedeutung –, der in gewisser Weise als Bild bleibt für das ganze spätere Leben.»[255] In Steiners eigenem Leben waren in der Mitte der Kindheit verschiedene Menschen von maßgeblicher Bedeutung; neben dem Hilfsschullehrer von Neudörfl, der ihn in die Musik und das künstlerische Zeichnen einführte, ihm ein wegweisendes Geometrie-Buch und damit wesentliche Akzente in dieser zentralen Entwicklungszeit vermittelte (darüber hinaus in seinem Lehrerzimmer erreichbar war und für persönliche Gespräche zur Verfügung stand), wurde ihm unter anderem ein Arzt aus Wiener Neustadt wichtig, der zu Krankenbesuchen nach Neudörfl kam und dem interessierten Kind des Stationsvorstehers – im Warten auf den Rückzug – von deutscher Literatur und Ästhetik erzählte und auf diese Weise eine neue Welt erschloss:

> Der beschäftigte sich gerne mit mir, nahm mich oft, nachdem er kurze Zeit unter den Linden ausgeruht hatte, beiseite, ging mit mir auf dem Bahnhofsplatze auf und ab und sprach, nicht in dozierender, aber enthusiastischer Art von deutscher Literatur. Er entwickelte dabei allerlei Ideen über dasjenige, was schön, was hässlich ist.
>
> Es ist mir auch dies ein Bild geblieben, das in meinem ganzen Leben in meiner Erinnerung Festesstunden feierte: der hochgewachsene, schlanke Arzt, mit seinem kühn ausschreitenden Gange, stets mit dem Regenschirm in der rechten Hand, den er so hielt, dass er neben dem Oberkörper schlenkerte, an der einen Seite, und ich zehnjähriger Knabe an der andern Seite, ganz hingegeben dem, was der Mann sagte.[256]

Die zentralen (Selbst-)Erlebnisse mit den Bezugspersonen in der Mitte der Kindheit, so berichtete Rudolf Steiner, sind von gesamtbiographischem Wert. Sie ermöglichen die seelische Stabilisierung des Kindes in einer Umbruchsperiode, einer «inneren Krisis des Lebens», festigen seine Beziehung zu sich *und* zur Welt – und tauchen in der biographischen Rückerinnerung immer wieder auf. Sie verwandeln sich der Lebens-Geschichte als Ereignis, Substanz und Schicksalsfaden ein:

> Wenige Menschen bemerken dasjenige, was ich jetzt sagen werde, aber es tritt immer wieder und wiederum, und zwar in bestimmten Perioden des Lebens, die Wirkung des Kindesalters in dem Menschen auf, und eine ganz hervorragende, ausgezeichnete Bedeutung hat das Bild, das gerade aus diesem Lebenswendepunkte immer wieder auftritt. Ob das im späteren Leben, ob im Traume oder im Wachen, verschwommen auftritt, ganz sympathisch oder ganz antipathisch betrachtet werden kann, das ist außerordentlich wichtig, nicht die Sympathie und Antipathie als solche, sondern dass im Gemüte des Kindes etwas ist, was in dem einen Falle zur Sympathie und im anderen zur Antipathie wird. Und ich will gar nicht einmal behaupten, dass der ganze Vorgang, den ich hier schildere, diese Reminiszenz an dem Lebenswendepunkte zwischen dem neunten und zehnten Lebensjahr ganz expliziert im Bewusstsein heraußen steht; manchmal kann es fast ganz im Unterbewussten liegen, aber vorgehen muss das Entsprechende. Es findet sich immer. Lebhaft träumende Menschen werden in fast periodisch verlaufenden Zwischenräumen im Traume irgendeine Szene herauftauchen sehen oder die Persönlichkeit selbst, den Führer, der da helfend, mahnend, ver-

trauenerweckend, ein persönliches Verhältnis erweckend, dem Kinde zur Seite getreten ist. Das braucht das Kind zwischen dem neunten und zehnten Jahre, und das hängt zusammen mit der objektiven Wendung in dem Kinde, dass es sich eigentlich bis dahin von der Welt draußen, von der Umwelt nicht unterschieden hat, und dass es jetzt das Bedürfnis bekommt, innerlich ein Mensch zu sein, ein abgeschlossenes Individuum, und sich der Außenwelt gegenüberzustellen.[257]

Derjenige, der wirkliche Menschenbeobachtung hat, den zeitlichen, ätherischen Organismus beobachten kann, wie ich es auseinandergesetzt habe, durch das ganze menschliche Leben hindurch, der weiß, wie im höchsten Alter dann, wenn der Mensch ein wenig veranlagt ist, sinnend zu werden, Rückblicke zu halten auf sein früheres Lebensalter, wie da ganz besonders auftreten unter den Bildern aus dem früheren Leben die Bilder von Lehrern, von Erziehern, von sonstigen Menschen aus der Umgebung, die Einfluss gehabt haben zwischen dem neunten und zehnten Lebensjahre.[258]

*

Anmerkungen

1 Zit. n. Hans Müller-Wiedemann: *Mitte der Kindheit. Das neunte bis zwölfte Lebensjahr. Beiträge zu einer anthroposophischen Entwicklungspsychologie.* Stuttgart ³1989, S. 74f. (Original des Kindergedichtes in englischer Sprache, vgl. den weiteren Text, S. 22).

2 GA 301, S. 124 (die zitierten Vorträge und Schriften Rudolf Steiners werden hier und nachfolgend lediglich nach der Nummer des zitierten Bandes der Gesamtausgabe (GA) und der Seitenzahl nachgewiesen. Zu den einzelnen Titeln und der jeweils zitierten Auflage vgl. das Literaturverzeichnis S. 118).

3 GA 310, S. 73.

4 GA 304, S. 161.

5 GA 311, S. 41.

6 Vgl. Peter Selg: *«Eine grandiose Metamorphose». Zur geisteswissenschaftlichen Anthropologie und Pädagogik des Jugendalters.* Dornach ²2011.

7 Vgl. diesbezüglich u. a. Hans Müller-Wiedemanns Auseinandersetzung mit dem defizienten «Latenzbegriff» von Fließ zur Beschreibung dieses Entwicklungsabschnittes sowie u. a. mit den psychoanalytisch-anthropologischen Darstellungen Eriksons, in: *Mitte der Kindheit. Das neunte bis zwölfte Lebensjahr. Beiträge zu einer anthroposophischen Entwicklungspsychologie.* Stuttgart ³1989, S. 18ff.; resümierend schrieb Müller-Wiedemann: «Die klassische Psychologie musste durch die ihr eige-

ne Methode, in der sie die Lebensentwicklung des Kindes als eine biologische Kontinuität im Sinne stufenweise sich bildender Intelligenz-Strukturen sieht, unempfindlich bleiben sowohl für die Krisen des Kindes als auch für die aus ihnen entstehenden Motive und pädagogischen Bedürfnisse. Die auf Anpassung ausgerichtete Verhaltenspsychologie und ihre Praxis der Konditionierung haben diesen Prozess konsequent fortgeführt.» (Ebd., S. 37)

8 GA 304a, S. 45.

9 Vgl. PETER SELG: *Der therapeutische Blick. Rudolf Steiner sieht Kinder.* Dornach [3]2011.

10 GA 310, S. 107f.

11 GA 297, S. 264.

12 GA 302, S. 131.

13 Vgl. HANS MÜLLER-WIEDEMANN: *Mitte der Kindheit. Das neunte bis zwölfte Lebensjahr. Beiträge zu einer anthroposophischen Entwicklungspsychologie.* Stuttgart [1]1973.

14 Band 1: *«Eine grandiose Metamorphose». Zur geisteswissenschaftlichen Anthropologie und Pädagogik des Jugendalters.* Dornach [2]2011; Band 2: *Der therapeutische Blick. Rudolf Steiner sieht Kinder.* Dornach [3]2011; Band 3: *Willfried Immanuel Kunert. Zur Lebens- und Therapiegeschichte eines Kindes aus dem «Heilpädagogischen Kurs».* Dornach 2006.

15 GA 302, S. 134.

16 GA 294, S. 106.

17 GA 302, S. 131; Hervorhebung v.V.

18 Ebd.

19 GA 24, S. 88.

20 GA 302, S. 132.

21 GA 294, S. 96.

22 GA 297a, S. 56.

23 GA 305, S. 21.

24 GA 304, S. 47.

25 GA 304a, S. 45.

26 Vgl. GA 302, S. 133f.
27 GA 306, S. 89.
28 GA 301, S. 83.
29 GA 311, S. 37f.
30 GA 306, S. 109.
31 GA 302, S. 133; Hervorhebung v.V.
32 Ebd., S. 134f.
33 Vgl. zu den Kräfteverhältnissen im Einzelnen: Peter Selg: «Der Wendepunkt des dritten Lebensjahres – Beiträge zur Genese des kindlichen Ich-Bewusstseins». In: PETER SELG: *Vom Logos menschlicher Physis. Die Entfaltung einer anthroposophischen Humanphysiologie im Werk Rudolf Steiners.* Dornach [2]2006. Band 1, S. 352ff.
34 GA 311, S. 38.
35 GA 309, S. 74.
36 GA 307, S. 136.
37 GA 150, S. 17.
38 GA 294, S. 106.
39 GA 307, S. 202.
40 GA 302, S. 131.
41 GA 297a, S. 26.
42 GA 297, S. 172f.
43 BRUNO WALTER: *Thema und Variationen. Erinnerungen und Gedanken.* Zit. n. HERMANN KOEPKE: *Das neunte Lebensjahr.* Dornach [7]1997, S. 62f.; Hervorhebung v.V.
44 CHRISTIE BROWN: *Mein linker Fuß.* Zit. n. HANS MÜLLER-WIEDEMANN: *Mitte der Kindheit. Das neunte bis zwölfte Lebensjahr. Beiträge zu einer anthroposophischen Entwicklungspsychologie.* Stuttgart [3]1989, S. 23.
45 GA 310, S. 67.
46 GA 304a, S. 45.
47 GA 294, S. 106.
48 Englisches Original: «I am a living poem: / I write no words.» (Johnnie Quarrell). Zit. n. HANS MÜLLER-WIEDEMANN:

Mitte der Kindheit. Das neunte bis zwölfte Lebensjahr. Beiträge zu einer anthroposophischen Entwicklungspsychologie, S. 73/287.

49 Pat Kirk. Ebd., S. 288.

50 GA 305, S. 19.

51 GA 307, S. 126.

52 GA 305, S. 19.

53 Jacob und Wilhelm Grimm: *Deutsches Wörterbuch.* Leipzig 1873. Band 5, Spalte 2332.

54 GA 297, S. 179.

55 «Das Kind, das zum erstenmal sich mit ‹Ich› benennt, gewinnt in diesem Erlebnis das Ich-Bewusstsein, welches auf die räumliche Wahrnehmungswelt gerichtet ist. Es ist bemerkenswert, dass diese Erfahrung nicht, wie die des 9. Lebensjahres, in der Erinnerung als ein *Selbsterleben* sich darstellt, sondern, wie durch Jean Paul berichtet, im Erscheinen des Lichtes im Raum: ‹Eines Tages›, so schildert Jean Paul, ‹an einem Vormittag stand ich als ein sehr junges Kind unter der Haustür und sah links nach der Holzlage, als auf einmal das innere Gesicht ‹ich bin ein Ich› wie ein Blitzstrahl vom Himmel vor mich fuhr und seitdem leuchtend stehen blieb. Da hatte mein Ich zum erstenmal sich selber *gesehen* und auf ewig.› […] Um das dritte Lebensjahr scheint das Ich-Erlebnis mit dem Licht des Bewusstseins gleichsam ‹von oben› verbunden. Damit sagt das Kind ja zu seiner irdischen Umwelt.» (Hans Müller-Wiedemann: *Mitte der Kindheit. Das neunte bis zwölfte Lebensjahr. Beiträge zu einer anthroposophischen Entwicklungspsychologie*, S. 19). An späterer Stelle seiner Monographie zitierte Hans Müller-Wiedemann (in einem anderen Kontext) auch das Selbstzeugnis Jacques Lusseyrans: «Klar wie ein Bild, das vor mir an der Wand hängt, sehe ich mich an meinem vierten Geburtstag. Ich lief den Gehweg entlang auf ein Dreieck aus Licht zu, das durch den Schnittpunkt dreier Straßen gebildet wurde, […] auf ein Dreieck aus Sonnenlicht, das sich auf den Square Rapp wie auf eine Meeresküste hin öffnete. Auf diesen

Teich von Licht wurde ich vorwärtsgestoßen, von ihm aufgesogen, und während ich noch mit Armen und Beinen ruderte, sagte ich mir: ‹Ich bin vier Jahre alt, und ich bin Jacques›. Man nenne dies, wenn man will, die Geburt der Persönlichkeit. Doch empfand ich dabei zumindest keinerlei Panikstimmung. Nur der Strahl allumfassender Freude hatte mich getroffen, ein Blitz aus wolkenlosem Himmel.» (Ebd., S. 126).

56 Zum Begriff der «biographischen Erfahrung» vgl. die ausführliche Darstellung von Hans Müller-Wiedemann: «Was ist biographische Erfahrung?» In: *Mitte der Kindheit. Das neunte bis zwölfte Lebensjahr. Beiträge zu einer anthroposophischen Entwicklungspsychologie*, S. 28 – 37.

57 Karl Jaspers: *Schicksal und Wille*. Zit. n. Hans Müller-Wiedemann, ebd., S. 17.

58 Ernst Bloch: *Spuren*. Ebd., S. 22.

59 Oskar Kokoschka: *Mein Leben*. Zit. n. Hermann Koepke: *Das neunte Lebensjahr*, S. 61f.

60 Englisches Original: «The poor tree withers / It withers and dies. / No one cares, they just / walk by. / Once it was a lovely / tree, so high it almost / reached the sky, / just like anything else / It dies, / Poor tree.» (Tony Hussey). Zit. n. Hans Müller-Wiedemann: *Mitte der Kindheit. Das neunte bis zwölfte Lebensjahr. Beiträge zu einer anthroposophischen Entwicklungspsychologie*, S. 77 / 289.

61 «Man kann das sogar ganz radikal in der Weise ausdrücken, dass man sagt: Die anderen Menschen, die das Kind vor dem Zahnwechsel in ihren Bewegungen, in der Sprache, selbst in den Empfindungen auf imponderable Weise nachahmt, die sind vom Kind noch nicht so empfunden, dass es auf deren eigenes Wesen, auf deren inneres Wesen hinschauen kann. Das Kind bis zum siebenten Jahre empfindet eigentlich den anderen Menschen in Wahrheit noch gar nicht ordentlich als anderen Menschen, sondern als etwas, mit dem es wie mit seinen Armen oder mit seinen Beinen verbunden ist. Es son-

dert sich noch nicht heraus aus der Welt. Mit dem Zahnwechsel, mit dem selbstständig durch Atmung, Zirkulation wirkenden Gefühlssystem, sondert sich das Kind ab von dem anderen, und daher wird ihm der andere Mensch ein Wesen mit einer Innerlichkeit.» (GA 303, S. 172f.)

62 Vgl. GA 301, S. 207f.

63 Vgl. das Kapitel «Individuelle Reifung und Gruppenbildung» in: Hans Müller-Wiedemann: *Mitte der Kindheit. Das neunte bis zwölfte Lebensjahr. Beiträge zu einer anthroposophischen Entwicklungspsychologie*, S. 38 – 80 (insbesondere «Genius der Freundschaft», S. 38 – 47).

64 Ebd., S. 39.

65 Ebd., S. 40.

66 Wie Hans Müller-Wiedemann betonte, erfährt das Kind bereits in den Freundschaften dieser Lebenszeit Aspekte der «Doppelheit» seiner «Identität» – «das heißt, dasjenige, was ich bin, und die Möglichkeit dessen, was ich sein kann und die sich im freundschaftlichen alltäglichem Umgang offenbaren und heranreifen will» (Ebd., S. 46).

67 Theodor Lidz: *The Person.* Zit. n. Hans Müller-Wiedemann: *Mitte der Kindheit. Das neunte bis zwölfte Lebensjahr. Beiträge zu einer anthroposophischen Entwicklungspsychologie*, S. 41.

68 Ebd., S. 46.

69 Ebd.

70 Ebd., S. 45.

71 Vgl. Hermann Koepke: *Das neunte Lebensjahr*, S. 63ff.

72 Ebd., S. 60f.

73 Zur biographischen Bedeutung dieser zeitlichen Rhythmen vgl. u. a. die Studien von Wilhelm Hoerner: *Zeit und Rhythmus. Die Ordnungsgesetze der Erde und des Menschen.* Stuttgart [2]1991 und Florian Roder: *Die Mondknoten im Lebenslauf.* Stuttgart 2005.

74 Selbstzeugnis eines zehnjährigen schottischen Jungen, zit. n. Hans Müller-Wiedemann: *Mitte der Kindheit. Das neunte*

bis zwölfte Lebensjahr. Beiträge zu einer anthroposophischen Entwicklungspsychologie, S. 15.

75 Vgl. Peter Selg: *Ungeborenheit. Die Präexistenz des Menschen und der Weg zur Geburt.* Arlesheim [2]2010.

76 GA 28, S. 18.

77 Zu Rudolf Steiners schicksalhaften monasterischen Beziehungen vgl. u. a. Thomas Meyer: *Rudolf Steiners eigenste Mission. Ursprung und Aktualität der geisteswissenschaftlichen Karmaforschung.* Basel [2]2009, S. 17ff.

78 GA 28, S. 21.

79 GA 303, S. 177.

80 Ebd., S. 178.

81 GA 317, S. 18.

82 GA 309, S. 41.

83 Zur gesamtphysiologischen Bedeutung des Zahnwechsels vgl. Peter Selg: *Vom Logos menschlicher Physis. Die Entfaltung einer anthroposophischen Humanphysiologie im Werk Rudolf Steiners.* Band 2, S. 719ff.

84 Zur Gesamtphysiologie des ersten Lebensjahrsiebtes vgl. ebd., S. 700ff.

85 GA 309, S. 59 und Peter Selg: *Vom Logos menschlicher Physis. Die Entfaltung einer anthroposophischen Humanphysiologie im Werk Rudolf Steiners.* Band 2, S. 706ff.

86 GA 305, S. 21.

87 GA 309, S. 59.

88 GA 305, S. 20.

89 GA 317, S. 18.

90 GA 293, S. 168.

91 GA 302a, S. 56.

92 Zum Begriff und zum Gesamtverständnis des «Rhythmischen Systems» innerhalb der anthroposophischen Humanphysiologie vgl. Peter Selg: *Vom Logos menschlicher Physis. Die Entfaltung einer anthroposophischen Humanphysiologie im Werk Rudolf Steiners.* Band 2, S. 604ff.

93 GA 210, S. 233.
94 Vgl. Peter Selg: *Vom Logos menschlicher Physis. Die Entfaltung einer anthroposophischen Humanphysiologie im Werk Rudolf Steiners*. Band 2, S. 700ff.
95 GA 303, S. 157f.
96 GA 307, S. 122.
97 GA 293, S. 175.
98 GA 311, S. 116.
99 In: *Beiträge zur Rudolf Steiner Gesamtausgabe Nr. 21*, S. 8.
100 Vgl. Peter Selg: *Vom Logos menschlicher Physis. Die Entfaltung einer anthroposophischen Humanphysiologie im Werk Rudolf Steiners*. Band 2, S. 604ff.
101 GA 311, S. 63/110.
102 GA 306, S. 110.
103 Ebd., S. 63.
104 GA 308, S. 49. Obwohl Rudolf Steiner dies nicht näher ausführte, spielt damit das *Herz*-Organ eine zentrale Rolle in der Ausbildung des Rhythmischen Systems und der gesamten Daseinsverfassung und Lebens-Stimmung des Kindes in der Krise des neunten/zehnten Lebensjahres. Über die Umwandlungsprozesse des Herzorganes in dieser Zeit sprach Steiner in seinem Dornacher Vortrag vom 26. Mai 1922 (GA 212, S. 113ff.); es wird, in der Vermittlung der «oberen» und «unteren» Organisation, in zunehmender Weise das Organ des menschlichen «Erdenbewusstseins» (GA 243, S. 57; vgl. Peter Selg: *Vom Logos menschlicher Physis. Die Entfaltung einer anthroposophischen Humanphysiologie im Werk Rudolf Steiners*. Band 2, S. 625ff.), aber auch des individuellen Schicksals, in seinem Zusammenspiel von Gefühl, Gedächtnis und Gewissen (vgl. Peter Selg: «Das Herzorgan und das Schicksal des Menschen. Zur geisteswissenschaftlichen Herzlehre Rudolf Steiners». In: Peter Selg: *Mysterium cordis. Aristoteles – Thomas von Aquin – Rudolf Steiner*. Dornach [2]2006, S. 105ff.). In gewisser Weise kann die Krise des neunten/zehnten Le-

bensjahres auch als der entscheidende Eintritt des menschlichen Herzorgans in seine biographisch wesentliche Aufgabe beschrieben werden; wird sie in zukunftsweisender Art bewältigt, so hat das Kind die Voraussetzungen dafür, mit seinen Herzenskräften ab dem Jugendalter seine Ideen durchseelen und zu Idealen erheben zu können, und dadurch ihre Aufnahme in den handelnden Willen zu ermöglichen. Vgl. hierzu PETER SELG: *Der Wille zur Zukunft.* Arlesheim 2011, S. 43ff. – Zum erwachenden Herz-Organ-Bewusstsein herzkranker Kinder ab dem ca. zehnten Lebensjahr vgl. die bemerkenswerte klinische Untersuchung von Herbert Plügge und R. Mappes: «Befinden und Verhalten herzkranker Kinder und Erwachsener», in: HERBERT PLÜGGE: *Befinden und Verhalten.* Stuttgart 1961.

105 GA 304a, S. 46.

106 GA 302a, S. 58f.

107 GA 317, S. 18.

108 GA 206, S. 99.

109 In seinem Dornacher Vortrag vom 7. August 1921 beschrieb Rudolf Steiner u. a., dass sich im Schlaf die höheren Wesensglieder erst *nach* dem Krisenzeitpunkt des neunten/zehnten Lebensjahres von der physisch-ätherischen Leiblichkeit des Kindes wirklich zu trennen vermögen – und dass der Tod eines Kindes vor diesem Zeitpunkt im Hinblick auf das nachtodliche Leben (bzw. das Verhältnis zur gelebten Erdenbiographie) anders zu betrachten sei als ein Todesereignis nach Überschreiten dieser biographischen Zäsur (GA 206, S. 102ff.)

110 Vgl. Anm. 104.

111 GA 306, S. 110.

112 GA 304a, S. 46.

113 GA 313, S. 70ff.

114 Ebd., S. 71.

115 GA 304, S. 198.

116 GA 305, S. 66.
117 GA 302a, S. 29f.
118 Ebd., S. 28.
119 Ebd., S. 29.
120 GA 306, S. 64.
121 GA 303, S. 161.
122 GA 304, S. 195.
123 Zum anthropologisch-physiologischen Verständnis des «Seelenleibes» oder «Astralleibes» in der anthroposophischen Terminologie Rudolf Steiners vgl. PETER SELG: *Vom Logos menschlicher Physis. Die Entfaltung einer anthroposophischen Humanphysiologie im Werk Rudolf Steiners.* Band 2, S. 478ff.
124 GA 303, S. 159f.
125 Ebd., S. 158.
126 Ebd., S. 176.
127 Ebd., S. 159; Hervorhebung v.V.
128 Ebd., S. 158f.
129 GA 305, S. 109.
130 GA 303, S. 204.
131 Ebd.
132 Vgl. PETER SELG: *«Eine grandiose Metamorphose». Zur geisteswissenschaftlichen Anthropologie und Pädagogik des Jugendalters.* Dornach [2]2011.
133 Zur physiologischen Beziehung der Sprache zum Rhythmischen System vgl. PETER SELG: *Vom Logos menschlicher Physis. Die Entfaltung einer anthroposophischen Humanphysiologie im Werk Rudolf Steiners.* Band 2, S. 610ff.
134 GA 310, S. 52.
135 GA 304a, S. 47.
136 GA 310, S. 52.
137 GA 304a, S. 41.
138 GA 310, S. 67.
139 GA 301, S. 144.

140 GA 304a, S. 126.
141 GA 309, S. 42. Vgl. a. GA 306, S. 62.
142 Vgl. Peter Selg: *«Eine grandiose Metamorphose». Zur geisteswissenschaftlichen Anthropologie und Pädagogik des Jugendalters.* Dornach [2]2011 und Peter Selg: *Der Wille zur Zukunft.* Arlesheim 2011.
143 GA 304a, S. 40.
144 GA 310, S. 142.
145 GA 314, S. 125.
146 GA 229, S. 75.
147 Zum Aufbau des zweiten, «eigenen» Leibes im Verlauf des zweiten Lebensjahrsiebtes – im Unterschied zur ererbten Leiblichkeit – vgl. Rudolf Steiners verschiedene Darstellungen in: Rudolf Steiner: *Texte zur Medizin. Teil 1: Physiologische Menschenkunde.* (= Rudolf Steiner: *Quellentexte für die Wissenschaften.* Band 3). Hg. Peter Selg. Dornach 2004, S. 147ff. und 183ff.
148 GA 306, S. 156f.
149 Vgl. hierzu Rudolf Steiner: *Texte zur Medizin. Teil 1: Physiologische Menschenkunde.* (= Rudolf Steiner: *Quellentexte für die Wissenschaften.* Band 3), S. 192ff.
150 GA 301, S. 86.
151 GA 297a, S. 26.
152 GA 304, S. 80.
153 Ebd., S. 152.
154 GA 306, S. 63.
155 Vgl. Peter Selg: *Vom Logos menschlicher Physis. Die Entfaltung einer anthroposophischen Humanphysiologie im Werk Rudolf Steiners.* Band 2, S. 728ff.
156 «Und in alledem, was zwischen dem Lehrer und dem Kinde sich abspielt, muss Musikalisches herrschen, muss Rhythmus, Takt, sogar Melodik pädagogisches Prinzip werden. Das erfordert, dass der Lehrer in sich selber eine Art Musikalisches hat, in seinem ganzen Leben ein Musikalisches hat. Das

rhythmische System also ist es, das im Kinde im schulpflichtigen Alter organisch vorhanden ist, organisch prädominiert, und es handelt sich darum, dass der ganze Unterricht in rhythmischer Weise orientiert wird, dass der Lehrer selber in sich ein, man möchte sagen, musikalisch angelegter Mensch ist, so dass wirklich im Schulzimmer Rhythmus, Takt herrscht. Das ist etwas, was allerdings in einer gewissen Weise instinktiv in dem Unterrichtenden, in dem Lehrenden leben muss.» (GA 307, S. 122)

157 GA 305, S. 66.

158 GA 302a, S. 90.

159 GA 308, S. 40f.

160 Vgl. hierzu u. a. Eugen Kolisko: *Vom therapeutischen Charakter der Waldorfschule. Aufsätze und Vorträge.* Hg. Peter Selg. Dornach 2002.

161 GA 310, S. 81.

162 GA 303, S. 183.

163 Ebd.

164 GA 297, S. 48.

165 GA 310, S. 81.

166 GA 24, S. 88; Hervorhebung v.V.

167 GA 310, S. 73.

168 GA 309, S. 71.

169 GA 303, S. 185.

170 GA 311, S. 46f.

171 GA 304a, S. 176 (in diesem Zusammenhang unterschied Rudolf Steiner die *«gestaltende»* Erziehung im ersten Lebensjahrsiebt von der *«belebenden»* im zweiten und der *«erweckenden»* im dritten. Ebd., S. 178).

172 GA 311, S. 49ff.

173 GA 304, S. 172.

174 GA 311, S. 56.

175 GA 294, S. 97.

176 Vgl. GA 301, S. 192f.

177 Rudolf Steiner zufolge kann im religiösen Unterricht bzw. in der religiösen Erziehung ein eigentlich «christliches Empfinden» erst ab dem neunten Lebensjahr bzw. dem seelischen (wie physiologischen) Umbruch im neunten/zehnten Lebensjahr veranlagt werden; erst dann beginne das Kind zu begreifen, was hinter der Gestalt des Christus Jesus stehe und könne eine Beziehung zum Mysterium von Golgatha aufbauen (GA 297a, S. 81). Am 15.8.1923 sagte Steiner im englischen Ilkley: «Wer im tiefsten Sinne des Wortes das Kind im christlichen Sinne erziehen will, der hat nötig, darauf zu sehen, dass dasjenige, was sich vor die Welt in dem Mysterium von Golgatha hinstellt, in alledem, was an die Persönlichkeit und Gotteswesenhaftigkeit des Christus Jesus geknüpft ist, sich vor dem neunten und zehnten Jahre nicht in der richtigen Weise vor die kindliche Seele hinstellen lässt. Großen Gefahren setzt man das Kind aus, wenn man es nicht vor diesem Lebensmomente in das allgemein Göttliche einführt, ich möchte sagen: in das göttliche Vaterprinzip; ihm zeigt, wie in allem in der Natur das Göttliche lebt, wie in aller Menschenentwickelung das Göttliche lebt, wie überall, wo wir hinschauen, in den Steinen, aber auch in dem Herzen des anderen Menschen, in jeder Tat, die der andere Mensch dem Kinde tut, überall das Göttliche lebt. Dieses allgemein Göttliche, das müssen wir in Dankbarkeit empfinden, in Liebe das Kind fühlen lehren durch die selbstverständliche Autorität des Lehrers. Dann bereiten wir uns vor, zu diesem Mysterium von Golgatha gerade zwischen dem neunten und zehnten Jahre die richtige Stellung bekommen zu können. […] Man bereitet das Kind im schönsten Maße vor, die Glorie des Christus Jesus in sich aufzunehmen vom neunten, zehnten Jahre an, wenn man es vorher in die allgemeine Göttlichkeit der ganzen Welt hineinführt.» (GA 307, S. 207) Zum Zeitpunkt des neunten/zehnten Lebensjahres, in der Zeit des empfundenen Ich-Bewusstseins, entscheide sich, so Steiner an anderer Stelle, «ob der Mensch

aus dem tiefsten Inneren heraus ehrlich und wahr aufblicken kann zu etwas, was göttlich die Welt und das Menschenleben durchseelt und durchgeistigt» (GA 297, S. 173). Damit fällt die Verständnismöglichkeit des Kindes für das eigentliche Christus-Mysterium mit der Ausbildung seines Rhythmischen Systems (und seines Herz-Organismus, vgl. Anm. 104) zusammen. Für eine Gruppe junger Ärzte, die ihn nach der Beziehung des Christus-Wesens zu Atmung und Blutzirkulation befragten, schrieb Rudolf Steiner noch auf seinem Krankenlager: «Blut im Herzen nach dem Atem in der Lunge strebend ist Streben des Menschen nach dem Kosmos. Atemluft in der Lunge nach dem Blut des Herzens strebend ist Begnadung des Menschen durch den Kosmos. Blut nach dem Herzen strebend ist der verfeinerte Prozess des Sterbens. Blut als Kohlensäure aus dem Menschen strebend stellt den verfeinerten Sterbeprozess dar. So strömt im Blutlauf des Mensch fortdauernd in den Kosmos hinein, ein Vorgang, der nach dem Tode radical sich gestaltet, indem er vom Blute aus den ganzen physischen Menschen ergreift. [...] Das Chr. Mysterium ist die Enthüllung des großen Wunders, das sich *zwischen* Herz und Lunge abspielt: Der Kosmos wird Mensch; der Mensch wird Kosmos. [...] Was von der Lunge zum Herzen strömt, ist menschliches Correlat des Herabsteigens des Christus auf die Erde; was vom Herzen nach der Lunge kraftet ist menschliches Correlat des Hindurchführens des Menschen nach dem Tode durch den Chr. Impuls in die Geistes-Welt. Insofern lebt das Geheimnis von Golgatha auf menschlich-organhafte Art zwischen Herz und Lunge.» (In: Peter Selg: *Vom Logos menschlicher Physis. Die Entfaltung einer anthroposophischen Humanphysiologie im Werk Rudolf Steiners.* Band 2, S. 817ff. und Peter Selg: *Mysterium cordis. Aristoteles – Thomas von Aquin – Rudolf Steiner*: Dornach [2]2006, S. 129ff.)

178 GA 298, S. 134.

179 GA 310, S. 149f.

180 GA 296, S. 50.
181 GA 306, S. 110.
182 Vgl. hierzu Peter Selg: *Der therapeutische Blick. Rudolf Steiner sieht Kinder.* Dornach [3]2011.
183 GA 298, S. 32.
184 GA 310, S. 37.
185 GA 305, S. 20.
186 GA 297a, S. 143.
187 GA 304, S. 104.
188 GA 302, S. 132; Hervorhebung v.V.
189 GA 297a, S. 144.
190 GA 304a, S. 41.
191 GA 297, S. 165; vgl. a. GA 304, 105: «Während das Kind in den ersten sieben Lebensjahren seine ganze Betätigungsweise nachahmend in die Richtung seiner Umgebung hineinbringt, also ich möchte sagen, vorzugsweise auf Gebärden, auch auf jene inneren Gebärden hin, die in der Sprache hervortreten, sich bildet, bildet sich das Kind im schulpflichtigen Alter unter dem Einfluss desjenigen, was auf das Wort der selbstverständlichen Autorität ihm übertragen werden kann.»
192 GA 192, S. 191.
193 GA 301, S. 21; Hervorhebung v.V.
194 GA 304, S. 105.
195 «Sie wissen: vom 7. Jahre bis zur Geschlechtsreife, bis zum 14., 15. Jahre lebt im Kinde die Kraft, die man nennen kann das Tun auf Autorität hin. Es kann dem Kinde kein größeres Heil widerfahren als wenn es dasjenige, was es unternimmt, deshalb tut, weil verehrte Menschen in seiner Umgebung sagen: Das ist richtig, das soll getan werden. – Es ist nichts schlimmer für das Kind als wenn man es zu früh vor der Geschlechtsreife an sogenanntes eigenes Urteil gewöhnt. Das Autoritätsfühlen zwischen dem 7. und 14. Jahre wird in der Zukunft in erhöhtem und intensiverem Maße ausgebildet werden müssen als es in der Vergangenheit ausgebildet war. Bewusster und bewusster

wird alle Erziehung in diesen Jahren geleitet werden müssen im Sinne eines reinen schönen Autoritätsgefühles, das im Kinde erwacht; denn dasjenige, was in diesen Jahren in das Kind hineingepflanzt werden soll, es soll die Grundlage bilden für das, was die Erwachsenen im sozialen Organismus erleben sollen als das gleiche Recht der Menschen. Das gleiche Recht der Menschen wird nicht anders da sein, denn die Menschen werden nie reif werden als Erwachsene für das gleiche Recht der Menschen, wenn sie nicht in der Kindheit das Autoritätsgefühl eingepflanzt erhalten. In der Vergangenheit mag ein viel geringerer Grad von Autoritätsgefühl genügt haben; in der Zukunft wird er nicht genügen. Und stark wird dieses Autoritätsgefühl in das Kind hineingepflanzt werden müssen, damit die Menschen reif werden für das, was als eine geschichtliche Forderung gar nicht einmal diskutiert werden darf, weil es als eine geschichtliche Forderung auftritt.» (GA 296, S. 19)

196 Vgl. Sergej O. Prokofieff: *Anthroposophie und «Die Philosophie der Freiheit»*. Dornach 2006.

197 GA 304, S. 46.

198 GA 301, 203.

199 GA 297, S. 166; Hervorhebung v.V.

200 «[…] *Das Kind braucht uns, braucht unsere Menschlichkeit.*» (GA 305, S. 21)

201 GA 307, S. 135.

202 GA 304, S. 116.

203 Ebd., S. 162.

204 GA 304a, S. 102.

205 GA 311, S. 79 und GA 296, S. 22.

206 GA 304a, S. 42; Hervorhebung v.V.

207 GA 302, S. 134.

208 Ebd., S. 129; in diesem Zusammenhang sagte Rudolf Steiner über die Schuleurythmie in der Waldorfschule: «Wenn das Kind eurythmisiert, wenn das Kind singt, was tut es denn da eigentlich? Es setzt sich in einer gewissen Weise, indem es die

Nachahmung loslöst von sich, das Nachahmen fort. Es bewegt sich. Das Gesangliche und das Zuhören beim Musikalischen ist im Grunde genommen innerliche Bewegung, wie sie betätigt wird beim Nachahmen. Und wenn wir eurythmisieren mit dem Kinde, was tun wir denn da? Wir lassen es, statt dass wir ihm den Griffel oder die Feder in die Hand geben und es diese Dinge machen lassen, die das A und das E sind, und zu denen es einen reinen Erkenntnisbezug haben soll, durch seine eigene menschliche Gestalt dasjenige hineinschreiben in die Welt, was der Inhalt der Sprache ist. Wir abstrahieren nicht hin zu einem abstrakten Zeichen, sondern wir lassen den Menschen selber das hineinschreiben in die Welt, was er durch seinen Organismus hineinschreiben kann. Wir lassen ihn also in einer gewissen Weise die Tätigkeit fortsetzen, die er im präexistenten Leben hatte. Und wenn wir dann nicht zum abstrakten Zeichen, sondern zum Bild gehen im Schreiben- und Lesenlernen, so entfernen wir uns dadurch, dass es sein Wesen betätigen muss, nicht von seinem Wesen; wir lassen es nicht sich ganz entfernen von dem, was sein Wesen ist. Wir bringen übend und anstrengend das dem ganzen Menschen bei.» (ebd)

209 GA 304a, S. 140.
210 GA 308, S. 77.
211 GA 310, S. 54.
212 GA 305, S. 66.
213 GA 308, S. 78.
214 GA 307, S. 134.
215 GA 311, S. 41.
216 GA 305, S. 68f.
217 GA 306, S. 105.
218 GA 301, S. 83.
219 Zur pädagogischen Situation in der Pubertät und Adoleszenz vgl. Peter Selg: *«Eine grandiose Metamorphose». Zur geisteswissenschaftlichen Anthropologie und Pädagogik des Jugendalters.* Dornach [2]2011.

220 GA 306, S. 95.
221 GA 24, S. 86.
222 GA 297, S. 47.
223 GA 301, S. 82.
224 GA 297, S. 47.
225 Ebd., S. 166.
226 Ebd., S. 169.
227 Diese Kontinuität, so führte Rudolf Steiner am 15.8.1924 in England aus, ermöglicht dem Lehrer auch, auf von ihm selbst künstlerisch entwickelte Inhalte zu einem späteren Zeitpunkt in anderer, begrifflicher Form zurückzukommen: «Nichts ist nützlicher und fruchtbarer im Unterricht als wenn Sie dem Kinde zwischen dem 7. und 8. Lebensjahre etwas in Bildern geben und später, vielleicht im 13., 14. Lebensjahre, wieder in irgendeiner Form darauf zurückkommen können. Gerade aus dem Grunde wird bei uns in der Waldorfschule versucht, die Kinder möglichst lange bei *einer* Lehrkraft zu lassen. (GA 311, S. 63)
228 GA 311, S. 41.
229 GA 310, S. 107.
230 GA 307, S. 136f.
231 GA 84, S. 205.
232 GA 304, S. 79.
233 GA 303, S. 181. – Dass die innere «Haltlosigkeit» bei misslingender Krisenbewältigung (d. h. ungenügender Wahrnehmung und Begleitung durch die Umwelt) verschiedene Formen annehmen kann (darunter eine verstärkte Anpassung an die – einzig verbleibende – «Realität» der Außenwelt), betonte u. a. Hans Müller-Wiedemann, und schrieb: «Wird dieser Raum [des Fühlens] von den Erziehern mit all seinen Unsicherheiten, Fragen und Gewissensproblemen nicht wahrgenommen, so wendet sich das Kind an jene Schlauheit, die immer durchkommt, ohne aufzufallen, die sich an Verhaltensmuster anpasst und lernt, Erfahrung zu ‹verdrängen›;

oder aber Erfahrungen laufen neben angepasstem Verhalten als nicht benötigt und unbrauchbar her und begründen unbewusst Melancholie und Skepsis, das merkwürdige Abgeklärtsein, welches früh weiß, dass individuelle Erfahrungen nicht zählen, und welches leicht umschlägt in Aggressivität und andere seelische ‹Schulkrankheiten›, die lebenskränkend weiterwirken.» (Hans Müller-Wiedemann: *Mitte der Kindheit. Das neunte bis zwölfte Lebensjahr. Beiträge zu einer anthroposophischen Entwicklungspsychologie*, S. 32)

234 GA 297a, S. 56.
235 Ebd.
236 GA 311, S. 41.
237 GA 310, S. 108.
238 GA 304a, S. 46.
239 GA 303, S. 177.
240 Ebd., S. 178f.
241 GA 306, S. 110.
242 GA 297a, S. 198.
243 GA 311, S. 41.
244 GA 310, S. 108.
245 GA 304a, S. 45.
246 GA 311, S. 42.
247 GA 306, S. 110.
248 GA 304a, S. 117.
249 GA 297a, S. 159f.
250 GA 305, S. 20.
251 GA 310, S. 108.
252 GA 311, S. 41f.
253 GA 310, S. 108f.
254 GA 306, S. 111f.
255 GA 303, S. 181; Hervorhebung v.V.
256 GA 28, S. 29f.
257 GA 303, S. 181f.
258 GA 304, S. 153f.

Literaturverzeichnis

Zitierte und erwähnte Vortrags- und Schriftwerke Rudolf Steiners

Rudolf Steiner Gesamtausgabe (GA). Rudolf Steiner Verlag, Dornach (Schweiz)

GA 24 Aufsätze über die Dreigliederung des sozialen Organismus und zur Zeitlage (1915 – 1921): 2. Auflage 1982.

GA 28 Mein Lebensgang (1923 – 1925): 9. Auflage 2000.

GA 84 Was wollte das Goetheanum und was soll die Anthroposophie? (1923/1924): 2. Auflage 1986.

GA 150 Die Welt des Geistes und ihr Hereinragen in das physische Dasein (1913): 2. Auflage 1980.

GA 192 Geisteswissenschaftliche Behandlung sozialer und pädagogischer Fragen (1919): 2. Auflage 1991.

GA 206 Menschenwerden, Weltenseele und Weltengeist – Zweiter Teil: Der Mensch als geistiges Wesen im historischen Werdegang (1921): 2. Auflage 1991.

GA 210 Alte und neue Einweihungsmethoden. Drama und Dichtung im Bewusstseins-Umschwung der Neuzeit (1922): 2. Auflage 2001.

GA 212 Menschliches Seelenleben und Geistesstreben im Zusammenhange mit Welt- und Erdentwickelung (1922): 2. Auflage 1998.

GA 229 Das Miterleben des Jahreslaufes in vier kosmischen Imaginationen (1923): 8. Auflage 1999.

GA 243 Das Initiaten-Bewusstsein. Die wahren und die falschen Wege der geistigen Forschung (1924): 6. Auflage 2004.

GA 293 Allgemeine Menschenkunde als Grundlage der Pädagogik (1919): 9. Auflage 1992.

GA 294 Erziehungskunst. Methodisch-Didaktisches II (1919): 6. Auflage 1990.

GA 296 Die Erziehungsfrage als soziale Frage. Die spirituellen, kulturgeschichtlichen und sozialen Hintergründe der Waldorfschul-Pädagogik (1919): 4. Auflage 1991.

GA 297 Idee und Praxis der Waldorfschule (1919 – 1920): 1. Auflage 1998.

GA 297a Erziehung zum Leben. Selbsterziehung und pädagogische Praxis (1921 – 1924): 1. Auflage 1998.

GA 298 Rudolf Steiner in der Waldorfschule (1919 – 1924): 2. Auflage 1980.

GA 301 Die Erneuerung der pädagogisch-didaktischen Kunst durch Geisteswissenschaft (1920): 4. Auflage 1991.

GA 302 Menschenerkenntnis und Unterrichtsgestaltung (1921): 5. Auflage 1986.

GA 302a Erziehung und Unterricht aus Menschenerkenntnis (1920 – 1923): 4. Auflage 1993.

GA 303 Die gesunde Entwickelung des Menschenwesens. Eine Einführung in die anthroposophische Pädagogik und Didaktik (1921/1922): 4. Auflage 1987.

GA 304 Erziehungs- und Unterrichtsmethoden auf anthroposophischer Grundlage (1921/1922): 1. Auflage 1979.

GA 304a Anthroposophische Menschenkunde und Pädagogik (1923/1924): 1. Auflage 1979.

GA 305 Die geistig-seelischen Grundkräfte der Erziehungskunst. Spirituelle Werte in Erziehung und sozialem Leben (1922): 3. Auflage 1991.

GA 306 Die pädagogische Praxis vom Gesichtspunkte geisteswissenschaftlicher Menschenerkenntnis (1923): 4. Auflage 1989.

GA 307 Gegenwärtiges Geistesleben und Erziehung (1923): 5. Auflage 1986.

GA 308 Die Methodik des Lehrens und die Lebensbedingungen des Erziehens (1924): 5. Auflage 1986.

GA 309 Anthroposophische Pädagogik und ihre Voraussetzungen (1924): 5. Auflage 1981.

GA 310 Der pädagogische Wert der Menschenerkenntnis und der Kulturwert der Pädagogik (1924): 4. Auflage 1989.

GA 311 Die Kunst des Erziehens aus dem Erfassen der Menschenwesenheit (1924): 5. Auflage 1989.

GA 312 Geisteswissenschaft und Medizin (1920): 7. Auflage 1999.

GA 313 Geisteswissenschaftliche Gesichtspunkte zur Therapie (1921): 5. Auflage 2001.

GA 314 Physiologisch-Therapeutisches auf Grundlage der Geisteswissenschaft. Zur Therapie und Hygiene (1920 – 1924): 4. Auflage 2010.

GA 317 Heilpädagogischer Kurs (1924): 8. Auflage 1995.

Monographien zur geisteswissenschaftlichen Entwicklungsphysiologie und Pädagogik

PETER SELG

«Eine grandiose Metamorphose»

Zur geisteswissenschaftlichen Anthropologie und Pädagogik des Jugendalters

149 Seiten, Broschur

ISBN 978-3-7235-1433-7

Der therapeutische Blick

Rudolf Steiner sieht Kinder

112 Seiten, Broschur

ISBN 978-3-7235-1434-4

Willfried Immanuel Kunert

Zur Lebens- und Therapiegeschichte eines Kindes aus dem «Heilpädagogischen Kurs»

96 Seiten, Broschur

ISBN 978-3-7235-1276-0

«Ich bin anders als Du»

Vom Selbst- und Welterleben des Kindes in der Mitte der Kindheit

136 Seiten, Broschur

ISBN 978-3-905919-32-5

ITA WEGMAN INSTITUT FÜR ANTHROPOSOPHISCHE GRUNDLAGENFORSCHUNG

Peter Selg

Ungeborenheit

Die Präexistenz des Menschen und der Weg zur Geburt

2. Auflage, 96 Seiten, 5 Abb., Broschur

ISBN 978-3-9523425-8-9

In vielen Vorträgen legte Rudolf Steiner großen Wert darauf, dass der Begriff der «Ungeborenheit» Eingang in die Kultur der Gegenwart und Zukunft findet. Es gehe darum, so Steiner, nicht nur die Perspektive des nachtodlichen, sondern auch des vorgeburtlichen, ja präkonzeptionellen Daseins der menschlichen Individualität in den Blick zu nehmen. In einem Vortrag für das Geburtshaus an der Ita Wegman Klinik Arlesheim, auf Einladung der Hebammen, sprach Peter Selg über die von Rudolf Steiner eröffneten Gesichtspunkte der «Ungeborenheit» und ihre Relevanz für die Medizin und Pädagogik, auch für das menschliche Selbstverständnis. Das Buch beinhaltet die schriftlich ausgearbeitete und erweiterte Fassung dieses Beitrages und wirft ein eindringliches Licht auf die Inkarnationsbewegung des Menschen – seinen Schicksalsweg zur Erde, der lange in kosmischen Höhen vorbereitet wird, in seinen Voraussetzungen und individuellen Umständen.

VERLAG DES ITA WEGMAN INSTITUTS

Peter Selg

Der geistige Kern der Waldorfschule

2. Auflage, 72 Seiten, 1 Abb., Broschur

ISBN 978-3-9523425-6-5

Der von Peter Selg in der Waldorfschule Lübeck gehaltene und im Radio gesendete Vortrag thematisiert zentrale Intentionen der Waldorfschule, ihre Beziehung zu Rudolf Steiner und ihre therapeutischen, heilenden Akzente – nicht nur im Hinblick auf die körperliche wie seelische Gesundheit der Kinder und Jugendlichen, sondern auch auf den Erwerb von Sozial- und Friedensfähigkeiten, für die Menschenbildung im humanistischen Sinne. Nicht zuletzt die Gewaltkatastrophen an Schulen zeigen die Relevanz dieser pädagogischen Zielsetzungen auf, damit auch die Aktualität der Waldorfschulen. Deutlich wird zugleich, dass sich die Waldorfschule ihren Aufgaben auf der Grundlage ihres spezifisch anthroposophischen Fundamentes wirklich stellen muss: «Ohne das wird unsere Waldorfschule nur eine Phrase bleiben … Wir müssen die Sache innerlich wahr machen.» (R. Steiner)

VERLAG DES ITA WEGMAN INSTITUTS

Peter Selg

Der Wille zur Zukunft

104 Seiten, 4 Abb., Broschur

ISBN 978-3-905919-28-8

Es komme darauf an, so sagte Rudolf Steiner, den Mut zu haben, «vorwärts zu dringen und nicht furchtsam und kleinmütig zu werden». Angesichts der aktuellen Weltsituation droht eine ängstliche Passivität des Menschen. Rudolf Steiner jedoch lehrte und lebte das Gegenteil – und der Aufbau der ersten anthroposophischen Institutionen vollzog sich energisch gegen alle Widerstände. Diese Kräfte müssen in der Gegenwart wiedergefunden werden, um mit der Anthroposophie in die Zukunft gehen zu können. «Immer klarer sah Rudolf Steiner den Menschen auf einem Entwicklungspunkt, wo nur sein Wille noch eine günstige Wendung schaffen konnte. Auch die Erkenntnis sah er von diesem Willen abhängig. Sein Werk wurde schließlich eine einzigartige Anstrengung zur Ermutigung des Menschen.» (Michael Bauer)

VERLAG DES ITA WEGMAN INSTITUTS

Peter Selg

Die Grundstein-Meditation Rudolf Steiners und die Zerstörungen des 20. Jahrhunderts

120 Seiten, 8 Abb., Leinen mit Schutzumschlag

ISBN 978-3-905919-31-8

Kurz nach Rudolf Steiners 150. Geburtstag, nach einer Welle fragwürdiger Medienberichte und Biographien über das «bunte Genie», den «interessanten», an vielen Orten aber mit Hohn und Spott bedachten Gründer der Anthroposophie, erwachte die Weltöffentlichkeit durch die Ereignisse von Japan einmal mehr für den Katastrophencharakter der gegenwärtigen Zivilisation. In seiner Studie zur Grundstein-Meditation thematisiert Peter Selg die Bezüge, die zwischen Rudolf Steiners mantrischen Grundstein-Worten und der Zeitsituation bestehen. Er beschreibt sie als eine zentrale Hilfe für das menschliche Überleben in schwierigen Zeiten, für das Aufrichten des Ichs im eigenen Dasein und im Leben des Anderen, und damit als ein menschheitliches Gut von großer Relevanz.

VERLAG DES ITA WEGMAN INSTITUTS

Ita Wegman

Erinnerung an Rudolf Steiner

2. Auflage, 136 Seiten, 6 Abb., Broschur

ISBN 978-3-9523425-3-4

Ita Wegman, die die letzten Lebensjahre Rudolf Steiners aus nächster Nähe und in großer persönlich-geistiger Vertrautheit miterlebte, hatte lange Zeit die Absicht, ihre Erinnerungen an diese Zeit niederzuschreiben. Die Monate nach dem Brand des Goetheanum, der Weg zur Weihnachtstagung, schließlich der esoterische Aufbruch der Weihnachtstagung sollten nicht in Vergessenheit geraten. Die Niederschrift gelang ihr nicht – vieles entzog sich jeder Darstellbarkeit und schriftlichen Fixierung. An Gedenktagen Rudolf Steiners und bei besonderen Gelegenheiten berichtete sie jedoch in mündlicher Weise von ihren Erlebnissen mit Rudolf Steiner – und bereitete diese Ansprachen in ihren Notizbüchern sorgsam vor. – Der zum 66. Todestag Dr. Wegmans (4.3.2009) herausgegebene Band enthält viele ihrer Notizbucheintragungen sowie Aufsätze, die sie in den Wochen und Monaten nach Rudolf Steiners Tod schrieb.

Peter Selg

Der Vorstand, die Sektionen und die Gesellschaft

Welche Hochschule wollte Rudolf Steiner?

104 Seiten, 2 Abb., Broschur

ISBN 978-3-905919-30-1

«Das Ziel der Anthroposophischen Gesellschaft wird die Förderung der Forschung auf geistigem Gebiete, das der Freien Hochschule für Geisteswissenschaft diese Forschung selbst sein», schrieb Rudolf Steiner. Die gegenwärtigen Diskussionen um die Führung der Anthroposophischen Gesellschaft erfordern eine Besinnung auf jene Aufgabenstellungen, die Rudolf Steiner mit dem Goetheanum verband. Welches war sein Hochschul- und Sektionsverständnis, welche Aufgabe sprach er der Allgemeinen Anthroposophischen Gesellschaft zu – und wie entwickelten sich diese Einrichtungen nach seinem Tod? Wie können sie in die Zukunft gehen? Diesen Fragen geht die Studie nach.

VERLAG DES ITA WEGMAN INSTITUTS

Peter Selg

Rudolf Steiner und die Freie Hochschule für Geisteswissenschaft

Die Begründung der «Ersten Klasse»

160 Seiten, Leinen mit Schutzumschlag

ISBN 978-3-9523425-1-0

Die Studie von Peter Selg beleuchtet den geistesgeschichtlichen Umraum und die Intention der Dornacher Hochschulgründung Rudolf Steiners 1923/24, die «esoterische Schule des Goetheanums» und ihre «Erste Klasse», die Rudolf Steiner noch in den letzten Arbeitsmonaten vor Anbruch seines Krankenlagers entfalten konnte. Beschrieben wird in diesem Zusammenhang auch die Mitwirkung Ita Wegmans, Rudolf Steiners «Gehilfin» im Aufbau der Michaelschule (Polzer-Hoditz) – sowie Ita Wegmans innere Haltung zu den Klassenstunden nach Rudolf Steiners Tod, ihr wortgetreues «Lesen der Stunden», an dem sie bis zuletzt festhielt.

VERLAG DES ITA WEGMAN INSTITUTS

Buch-Veröffentlichungen des Ita Wegman Instituts für anthroposophische Grundlagenforschung

PETER SELG

Studien zur Werkbiographie Rudolf Steiners

DIE ARBEIT DES EINZELNEN UND DER GEIST DER GEMEINSCHAFT. Rudolf Steiner und das Soziale Hauptgesetz. Dornach 2007 (^{2}2011)

VOM UMGANG MIT RUDOLF STEINERS WERK. Ursprung, Krise und Zukunft des Dornacher Goetheanums. Dornach 2007

RUDOLF STEINER – ZUR GESTALT EINES GEISTIGEN LEHRERS. Eine Einführung. Dornach 2007 (^{2}2011)

RUDOLF STEINERS INNERE SITUATION ZUR ZEIT DER «PHILOSOPHIE DER FREIHEIT». Eine Studie. Dornach 2007

RUDOLF STEINER UND DIE FREIE HOCHSCHULE FÜR GEISTESWISSENSCHAFT. Die Begründung der «Ersten Klasse». Arlesheim 2008

RUDOLF STEINERS TOTEN-GEDENKEN. Die Verstorbenen, der Dornacher Bau und die Anthroposophische Gesellschaft. Arlesheim 2008

KOBERWITZ, PFINGSTEN 1924. Rudolf Steiner und der Landwirtschaftliche Kurs. Dornach 2009

RUDOLF STEINER UND FELIX KOGUZKI. Der Beitrag des Kräutersammlers zur Anthroposophie. Arlesheim 2009

ESOTERISCHE GEMEINSCHAFTEN IN RUDOLF STEINERS MYSTERIENDRAMEN. Templer – Rosenkreuzer – Der Kreis um Benedictus. Arlesheim 2010

RUDOLF STEINER UND CHRISTIAN ROSENKREUTZ. Arlesheim 2010

DER VORSTAND, DIE SEKTIONEN UND DIE GESELLSCHAFT. Welche Hochschule wollte Rudolf Steiner? Arlesheim 2011

DIE GRUNDSTEIN-MEDITATION RUDOLF STEINERS UND DIE ZERSTÖRUNGEN DES 20. JAHRHUNDERTS. Arlesheim 2011

Studien zu Ita Wegman

«Ich bin für Fortschreiten». Ita Wegman und die Medizinische Sektion. Dornach 2002 ([2]2004)

Die letzten drei Jahre. Ita Wegman in Ascona 1940 – 1943. Dornach 2004

Geistiger Widerstand und Überwindung. Ita Wegman 1933 – 1935. Dornach 2005

Sterben, Tod und geistiges Leben. Die Kondolenzbriefe Ita Wegmans und das Todesverständnis der anthroposophischen Geisteswissenschaft. Dornach 2005

Ita Wegman und Arlesheim. Dornach 2006

«Ich bleibe bei Ihnen». Rudolf Steiner und Ita Wegman. München, Pfingsten 1907. Dornach, 1923 – 1925. Stuttgart 2007

Liane Collot d'Herbois und Ita Wegman. Dornach 2008

(Hg.) Ita Wegman: Erinnerung an Rudolf Steiner. Arlesheim 2009 ([2]2011)

Studien zu weiteren Schülern und Mitarbeitern Rudolf Steiners

Michael Bauer. Ein esoterischer Schüler Rudolf Steiners. Dornach 2006

Marie Steiner-von Sivers. Aufbau und Zukunft des Werkes von Rudolf Steiner. Dornach 2006

Edith Maryon. Rudolf Steiner und die Dornacher Christus-Plastik. Dornach 2006

Karl König und die Anthroposophie. Zur Spiritualität eines esoterischen Christen im 20. Jahrhundert. Dornach 2006

Christian Morgenstern. Sein Weg mit Rudolf Steiner. Stuttgart 2008

Willem Zeylmans van Emmichoven. Anthroposophie und Anthroposophische Gesellschaft im 20. Jahrhundert. Arlesheim 2009

Albert Steffen. Begegnung mit Rudolf Steiner. Dornach 2009

Elisabeth Vreede. 1879 – 1943. Arlesheim 2009

Zum Schicksal Elisabeth Vreedes. Plinius der Ältere – Jakob von Molay. Arlesheim 2010

Maria Krehbiel-Darmstädter. Von Gurs nach Auschwitz. Der innere Weg. Arlesheim 2010

Studien zu den geistigen Grundlagen der anthroposophischen Medizin

Vom Logos menschlicher Physis. Die Entfaltung einer anthroposophischen Humanphysiologie im Werk Rudolf Steiners. Dornach 2000 (^{2}2006)

Krankheit und Christus-Erkenntnis. Anthroposophische Medizin als christliche Heilkunst. Dornach 2001 (^{2}2003)

Krankheit, Heilung und Schicksal des Menschen. Über Rudolf Steiners geisteswissenschaftliches Pathologie- und Therapieverständnis. Dornach 2004

(Hg.): Rudolf Steiner – Quellentexte für die Wissenschaften. Band 3: Physiologische Menschenkunde. Band 4: Pathologie und Therapie. Dornach 2004

Mysterium cordis. Studien zu einer sakramentalen Physiologie des Herzorganes. Aristoteles – Thomas von Aquin – Rudolf Steiner. Dornach 2003 (^{2}2006)

Die «Wärme-Meditation». Geschichtlicher Hintergrund und ideelle Beziehungen. Dornach 2005 (^{3}2011)

Christliche Medizin. Die ideellen Beziehungen des Christentums zur Heilkunde und die Anthroposophische Medizin. Dornach 2005

Das Leben schützen. Ärztliche Ethik und Suizidhilfe. Eine Betrachtung aus anthroposophischer Sicht. Dornach 2010 (gemeinsam mit Sergej O. Prokofieff)

Studien zur Geschichte der anthroposophischen Medizin

Anfänge anthroposophischer Heilkunst. Ita Wegman, Friedrich Husemann, Eugen Kolisko, Willem Zeylmans van Emmichoven, Karl König, Gerhard Kienle. Dornach 2000

(Hg.): Anthroposophische Ärzte. Lebens- und Arbeitswege im 20. Jahrhundert. Dornach 2000

(Hg.): Eugen Kolisko: Das Wesen und die Behandlung der Maul- und Klauenseuche. Dornach 2001

Helene von Grunelius und Rudolf Steiners Kurse für junge Mediziner. Eine biographische Studie. Dornach 2003

Gerhard Kienle. Leben und Werk. 2 Bände. Dornach 2003

Die Briefkorrespondenz der «jungen Mediziner». Eine dokumentarische Studie zur Rezeption von Rudolf Steiners «Jungmediziner»-Kursen. Dornach 2005

«Die Medizin muss Ernst machen mit dem geistigen Leben». Rudolf Steiners Hochschulkurse für die «jungen Mediziner». Dornach 2006

(Hg.): Ita Wegman: Medizinisch-Therapeutische Korrespondenzen. Dornach 2007

(Hg.): «Und in der Tat, dies wirkte». Die Krankengeschichten des Buches «Grundlegendes für eine Erweiterung der Heilkunst nach geisteswissenschaftlichen Erkenntnissen» von Rudolf Steiner und Ita Wegman. Eine Dokumentation. Dornach 2007

(Hg.): Gerhard Kienle. Die Würde des Menschen und die Humanisierung der Medizin. Aufsätze und Vorträge. Arlesheim 2009

Dr. Oskar Schmiedel 1887 – 1959. Der erste anthroposophische Pharmazeut und Weleda-Direktor. Arlesheim 2010

Rudolf Hauschka am Klinisch-Therapeutischen Institut in Arlesheim (1929 – 1941). Arlesheim 2010

Das Leib-Seele-Problem. Zur Entwicklung eines geistgemäßen Menschenbildes in der Medizin des 20. Jahrhunderts. Arlesheim 2011 (gemeinsam mit Peter Heusser)

Studien zur anthroposophischen Pädagogik und Heilpädagogik

(Hg.): Eugen Kolisko. Vom therapeutischen Charakter der Waldorfschule. Dornach 2002

(Hg.): Georg von Arnim. Meditative Aufzeichnungen. Dornach 2002

Der Engel über dem Lauenstein. Siegfried Pickert, Ita Wegman und die Heilpädagogik. Dornach 2005

Eine «grandiose Metamorphose». Zur geisteswissenschaftlichen Anthropologie und Pädagogik des Jugendalters. Dornach 2005 ([2]2011)

Der therapeutische Blick. Rudolf Steiner sieht Kinder. Dornach 2005 ([3]2011)

Willfried Immanuel Kunert. Zur Lebens- und Therapiegeschichte eines Kindes aus dem «Heilpädagogischen Kurs». Dornach 2006

Ita Wegman und Karl König. Eine biographische Dokumentation. Dornach 2007

(Hg.): Karl König: Das Seelenpflege-bedürftige Kind. Vom Wesen der Heilpädagogik. Stuttgart 2008

(Hg.): Karl König: Meine zukünftige Aufgabe. Autobiographische Aufzeichnungen und lebensgeschichtliche Zeugnisse. Stuttgart 2008

Der geistige Kern der Waldorfschule. Arlesheim 2009 ([2]2010)

Ungeborenheit. Die Präexistenz des Menschen und der Weg zur Geburt. Arlesheim 2009 ([2]2010)

Studien zur anthroposophischen Christologie

(Hg.): Es war einer krank. Die Heilungen in den Evangelien. Stuttgart 2003

Rudolf Steiner und das Fünfte Evangelium. Eine Studie. Dornach 2005 (^{2}2010)

Die Kultur der Selbstlosigkeit. Rudolf Steiner, das Fünfte Evangelium und das Zeitalter der Extreme. Dornach 2006 (^{3}2010)

Die Gestalt Christi. Rudolf Steiner und die geistige Intention des zentralen Goetheanum-Kunstwerkes. Arlesheim 2008 (^{2}2009)

«Wie eine Art Gottesdienst». Rudolf Steiner, die Oberuferer Spiele und das Weihnachtsfest. Stuttgart 2008

Das Ereignis der Jordantaufe. Epiphanias im Urchristentum und in der Anthroposophie Rudolf Steiners. Stuttgart 2008

Christus und die Jünger. Vom Schicksal der inneren Gemeinschaft. Arlesheim 2009

Die Wiederkunft des Christus im Ätherischen. Zum Fünften Evangelium. Arlesheim 2009 (gemeinsam mit Sergej O. Prokofieff) (^{2}2010)

Das Erste Goetheanum und seine christologischen Grundlagen. Arlesheim 2009 (gemeinsam mit Sergej O. Prokofieff)

Das Vaterunser in der Darstellung Rudolf Steiners. Stuttgart 2009

Die Christologie des Buches «Die Geheimwissenschaft im Umriss». Arlesheim 2010 (gemeinsam mit Sergei O. Prokofieff)

Michael und Christus. Studien zur Anthroposophie Rudolf Steiners. Arlesheim 2010

Die Weihnachtstagung und die Begründung der neuen Mysterien. Arlesheim 2011 (gemeinsam mit Sergei O. Prokofieff)

Weitere Arbeiten

Friedrich Schiller. Die Geistigkeit des Willens. Dornach 2005 (^{2}2010)

Der geistige Weg von Hans und Sophie Scholl. Dornach 2006 (^{2}2007)

Rainer Maria Rilke und Franz Kafka. Lebensweg und Krankheitsschicksal im 20. Jahrhundert. Dornach 2007

«Alles ist unvergessen.» Paul Celan und Nelly Sachs. Dornach 2008

Friedrich Hölderlin. Die Linien des Lebens. Stuttgart 2009

Überleben in Auschwitz. Elie Wiesel, Ruth Klüger, Ruth Elias, Primo Levi, Viktor Frankl. Arlesheim 2010

Die Reinheit des Ordens und das Opfer. Friedrich Schillers Johanniter-Fragment «Die Malteser». Dornach 2010

Der Wille zur Zukunft. Arlesheim 2011

ITA WEGMAN INSTITUT FÜR ANTHROPOSOPHISCHE GRUNDLAGENFORSCHUNG

Im Ita Wegman Institut für anthroposophische Grundlagenforschung wird die von Dr. phil. Rudolf Steiner (1861 – 1925) in Schrift- und Vortragsform entwickelte anthroposophische Geisteswissenschaft ideengeschichtlich aufgearbeitet, unter werkbiographischer Akzentuierung und im Kontext der Wissenschafts- und Sozialgeschichte des 19. und 20. Jahrhunderts.

Das Institut unterhält mehrere, öffentlich zugängliche Arbeitsarchive, die auf den Nachlässen von wegweisenden Mitarbeitern Rudolf Steiners beruhen, insbesondere im Bereich der Medizin, Heilpädagogik und Pädagogik (Ita Wegman Archiv, Hilma Walter Archiv, Willem Zeylmans van Emmichoven Archiv, Karl König Archiv und Karl Schubert Archiv).

Die Arbeiten des Ita Wegmans Instituts werden von verschiedenen Stiftungen – in erster Linie der Software AG-Stiftung (Darmstadt) – sowie einem internationalen Freundes- und Förderkreis unterstützt.

Pfeffinger Weg 1A · CH 4144 Arlesheim · Schweiz

Leitung: Prof. Dr. P. Selg

www.wegmaninstitut.ch · Email: sekretariat@wegmaninstitut.ch